秋山眞人
Makoto Akiyama
布施泰和
Yasukazu Fuse

マイ・テンプルが幸運を引き寄せる

あなたの自宅をパワースポットにする方法

SEIKO SHOBO

マイ・テンプルが幸運を引き寄せる
あなたの自宅をパワースポットにする方法

あなたの自宅に「マイ・テンプル」を

スピリチュアルブームを反映して、精神世界の書籍や関連グッズをたくさん持っている方とか、いろいろなアンティークを持ってらっしゃる方とか、ちょっとしたエンジェルのモニュメントを持っていらっしゃる方は多いと思います。結構みなさん同じところに並べて飾られています。そういうものを大事にしたり、そういうものに祈りを捧げたり、そういうものに触れて安らぎを感じたりする人口は大変多いのです。

だけど、そういうことって、昔はなかったかというとそうではなくて、昔はそれが仏壇であったり、お墓だったり、マリア像であったり、キリスト像であったり、テンプル（寺院）だったりしたわけです。

ところがこの五年の間に、非常にショッキングな話を聞きました。日本国内でお坊さんや牧師さんになろう、宗教家になろうという人が激減しているのです。各専門大学に学生が来なくて、卒業生がその専門職に就かないということが多いので、非常に困っているのだそうです。それから新興宗教も新しい信者さんが入らなくなった、と。

で、そういう人たちはニューエイジというか、今で言うソフトスピリチュアリズムとか、精神世界とか言われているようなものに流れています。あるいは、それよりもさらに薄めた感じの、もっとソフトな、何となく雰囲気として窓際には天使がいたほうがいいとか、寝る場所の頭上にはロザリオが掛けてあったほうがいいとか、仏壇はもっていないけれど何となく先祖の写真を置いて、その前にパワーストーンやお花が置いてあるだとか、そういう人が増えています。ところが、置く場所や方法が必ずしも適切でない場合も多々見受けられます。

私はそういう現状を見て、そういう方々に役立つような方法を教えてあげる必要があると強く感じました。実は古代から宗教的な世界の中では、そういう祈りのために、こういうモノに触れなさい、こういう形を見なさい、という古代儀礼とか、役に立つ古代シンボルというのがあるのです。それらは古来の儀礼的な所作とかかわっています。で、いろいろな用途があったりもします。それらはスピリチュアルであるけれども、非常に実用的な側面を持っていたり、近代科学と結びつくような合理的な面を持っていたりする場合があります。

そこで私は、新しい時代においては、私たちは新しい祭壇というか、「マイ・テンプル」を持つ、そういう自由をあえて開拓してもいいのではないか、と思い立ったわけです。そういう「マイ・テンプル」を自宅に創ってもお叱りを受けないのではないか、神は罰を与えたりしないのではないか——そんな風に最近考えているわけです。

それと同時にようやく、日本的な信仰というか、日本的な、心を解放する思想というものが、多くの人の心の中に蘇ってきているように強く感じています。世界中で宗教が戦いを生み出しているという現状があります。宗教が悪いとは言いませんが、宗教が引き金になっている流血や戦争は山のようにあります。そのために大勢の人が死んでいるのに、その責任を各宗教ともまったく考えていないという現状があります。

その最中にあって、やはり日本的な信仰が改めて見直されているのではないでしょうか。日本的な信仰といっても、神道だとか仏教だとか道教だとかに集約されるという見方をする人もいますが、元々日本的信仰とは原初「場の信仰」であると思っています。自然界とか、この時間の宇宙だとか、この良き日の太陽であるとか、ようやく登りつめた山の山頂であるとか、森の中であるとかが、「聖なる場」となるわけです。

よくヨーロッパの人が驚くのですが、日本では森は聖なる場所です。西洋では森というと、ロビン・フッドのように王家に刃向かうテロリストが住んでいたり、町の人を襲う盗賊が住んでいたりという場所でした。また実際に狼など怖い動物もいっぱい棲んでいたし、病原菌もいっぱいいたし、森には非常に怖いというイメージがあるようです。

でも日本では、森には神が住んでいます。西洋の森と日本の森はそれほど違いがあるわけではないのに、日本の森は、神が住んでいる最も聖なる場所です。そこから信仰が生まれ、森を包むように、あるいは森を守るように町ができてきました。そこに日本の信仰の本当の根本にあるものがあるように思います。

自然崇拝、アニミズムなどというと、バカにする人もいるかもしれません。モノなんか拝んでいるんじゃないよ、そんな原始的な、と。我々は高度なお釈迦様やキリストを信じているのだ、と。でもそれが多くの戦争を生んで止まないとするならば、やはり新しい場を求めたり、新しい自然に触れることを求めたり、多くの人たちがパワースポットを求めたり、パワーストーンを求めたり、歴史が刻まれた、精神的なアンティークに触れたがったりすることは、非常に自然なことだし、当たり前のことではないかなと思います。

私たちが住んでいるのは「今」という世界です。「今」という場の中にいます。当然、過去、未来とかもあるのですが、一つだけ抗(あらが)えないのは「今」の中にしか住んでいないことです。過去は記憶だし、未来は夢だからです。確実にあるのは、「今」だけです。どんなに未来を夢見ても、どんなにすごい実績が過去にあったとしても、「今」が癒されなければ苦しくてしょうがないわけです。だから重要なのは「今」をどうするかです。そして、他のどこでもない、身近な「ここ」をどうするかでもあります。

「今」「ここ」で場をどうするかということは、いわゆる風水とか、どういう服を着たらいいかとか、どういうアクセサリーを付けたらいいかとか、場をきれいにするとか、場をパワーアップするとか、場に見えない力を宿らせるとか、または場で運を開くとか、場で健康になるとか、そういったことではないかと思います。

つまり、自分の生活の中心である家を癒す場にする必要があるわけです。それも、今までみたいに怖がりながら「私の家では夜中に変な音がします」とか、自分が住んでいる住処なのにびくびくして、怖がって、下手すると恨んだりする。高いお金を払ってインチキ霊能者を呼んだものの、言われたところに塩を置くだけだったというようなことではまったく意味がありません。

そもそも巷に氾濫している風水本が正しかったら、今頃はみんな幸せになっているはずですよね。ところがそうでない人が多すぎます。ということは、何かが間違っていたり、勘違いだったりして、変えるべきところを変えなかったり、変えるべきでないところを変えたりしているのではないかと思うわけです。

そして何よりも、もっと積極的に場を開拓する必要があります。ただ開拓と言っても、どういう方向に開いていくかがポイントです。その方向というのが、自宅を自分に合ったパワースポットにすることです。家を最も気持ちのいいパワースポットにすることは、とても素敵な「今」ではないかと私は思います。この本を読んで、是非自分らしい素敵な「今」を作っていただければと願っています。

二〇一四年三月

秋山眞人

［まえがき］

いま明らかになる秋山流風水の極意

自宅にパワースポットを作る——そんなことができるのかと思われるかもしれないが、国際気能法研究所代表の秋山眞人氏によると、いとも簡単にできるのである。しかもそれほどお金も手間もかからない。どうすればいいかというと、自分の家の決まった場所で少なくとも三カ月間、毎日いい感情で過ごすようにすればいいという。そうすると、その空間をすがすがしい気に溢れたパワースポットにできるというのだ。

「えっ、そんな簡単なことでいいの？」と読者は思われるだろう。実はそこに最も見落とされがちな眼目があるのだ。

たとえば風水の大先生や新興宗教の教祖様の言に従って、高価な花瓶を床の間に飾ったり、高級な宝飾類をこれ見よがしに居間のケースに入れて展示したりしたところで、それらを飾った動機が虚栄や我欲といったネガティブな感情であれば、その場にはそういった念が残るものだからだ。少なくとも敏感な人ならば、そうした意図や想念を簡単に察知するだろう。

仮に嫌だと思う感情がそこに残れば、パワースポット化するアイテムによってその感情が増幅されないともかぎらない。つまり、どんなに豪華で金ぴかの神殿を建てても、そこに「いい感情」が込められていなければ、やはり画竜点睛を欠くのである。

そうは言っても、何もないガランとした空間で自分のいい感情を保つのは容易ではない。だからこそ自分好みの神殿「マイ・テンプル」を作ればいいのだと秋山氏は言う。それは、その神殿の前ならば毎日楽しく過ごすことができる「マイ・テンプル」である。ありがたいことにその自家製神殿は、自分の好きなものなら基本的になんでもOKなのだ。自分の好きな石を並べたり、フィギュアを並べたり、ミニチュアカーを並べたり、あるいは植物を並べて愛でたりしてもいい。それもちょっと対称形に並べればいいだけだ。

そのようなテンプルなら、いくつ自宅にあっても構わない。各部屋に一つ、いい感情が抱けるような癒しの場を作れば、自宅は自然にパワースポット化するのである。

実際、最初にその話を秋山氏から聞いたときは私の反応も「えっ、そんなに簡単なことでいいの!?」であった。だから最初は騙されたと思って、秋山氏が唱える「マイ・テンプル」を作って「いい感情」で過ごしてみたり、この本でこれから紹介する八方位の気を強めるアイテムを使って壁に絵をかけたりするなどして実際に自宅を改造してみた。すると、半ば無味乾燥としていた我が家の印象がまるで違うようになり、なんの変哲もない白い壁に奥行きが出て、家全体が楽しく、豊かに、そしてすがすがしくすらなったのである。

この本にはほかにも、八つの方角に色や形、数字があること、地球の大地には七つのエネルギーの流れがあることなど秋山流風水の奥義が書かれている。その奥義の便利なところは、ある程度の法則性さえ理解すれば、いろいろな方法を選べるということだ。利便性を優先させながら、自分好みのシンボルを組み合わせて自分の好きな「場」を自分の居住空間に柔軟かつ自由に創造できるのである。「こうしなければいけない」という原理主義を貫く必要はない。

そもそも、市販されている風水本を読み比べても、東にコレコレのアイテムを置けと書かれてあっても、単なる語呂合わせ的なものだったり、因果関係がはっきりしない内容を載せたりしている風水本もある。風水本によっては、まるっきり反対の、真逆の色を置くべきだとしている場合も見受けられる。

お日様が昇る東には太陽と同じ形の丸いものを置けと言われても、太陽はいつも真東から昇るわけではないし、天空を横切って西の方角に沈んでしまうものだ。それでも東は丸いものがいいのだろうか。

その点、今回取材することとなった秋山流風水には、なるほど説得力がある。というのも秋山氏は、中国に古くから伝わる風水を丹念に読み解き豊富な知識を得ているだけでなく、霊的な能力を使って、その風水に整合性があるか実際に調べているからだ。中国ではこう考えられているが、日本ではどうなのか、といったことも検証している。

その結果に基づいて書かれたのが、この『あなたの自宅をパワースポットにする方法』である。若干難しいスピリチュアル的な専門用語や現象なども出てくるが、一般読者にもわかるように「初級・基礎編」、「中級・実例編」、「上級・地流気編」と段階を分けて、必要に応じて随時私が解説や解釈を加えていくことにした。今回も私は、秋山氏が知る超常的な世界の翻訳者・通訳者の立場である。

論より証拠である。読者の皆さんにも、この本に書かれてあるパワースポット化の極意を一つ一つ楽しみながら実践して、目に見えない風水の世界を是非実感してみていただきたい。

布施泰和

〔装幀〕フロッグキングスタジオ
〔写真提供〕布施泰和

初級・基礎編

［第一章］パワースポットとは何か

あなたの自宅にこそパワースポットを！

世の中にパワースポットが流行(はや)って久しい。テレビで、どこそこの神社の池はパワースポットだと放映されようものなら、池の前には長蛇の列ができる有様である。どのような観光地へ行っても今はパワースポットだらけ。本当にパワースポットかどうかもわからないままに大勢の観光客が押し掛ける。

しかし仮にパワースポットに出かけて、どんなにパワーを〝充電〟できたとしても、毎日の生活の場である自宅が癒されない場であったり、エネルギーが涸れていたりしたのでは、せっかくもらったパワーのご利益も半減、もしくは雲散霧消しかねない。

だからこそ、そのパワースポットを自宅に作ればいいのだと、この道の研究で四〇年近くのキャリアを持つ秋山眞人氏は言う。時間の作れない現代人の中には、パワーに満ちた神聖な場所へなかなか出かけることができない人も多いだろう。そうした忙しい人たちにとって、自宅にパワースポットが作れるのならパワースポットのご利益を求めてわざわざ遠方の混雑した場所に行かなくとも、毎朝起きるたびに、あるいは家に帰るたびに、自宅のパワースポットで心静かにエネルギーをチャージしたり、リラックスしたりできるではないか。それはとても便利で効率がいい。

もちろん、この精神世界が利便性や効率で動いているのではないことは承知している。はるばる遠方に足を運ぶことによって得られる喜びや楽しさ、面白さは、足を運んだものでしかわからないし、それはとてもかけがえのないものだ。記者の取材活動も同じである。その場所に行かなければ得られない、貴重な体験や情報、あるいはスピリチュアル的に言うならば、エネルギーの充電や霊的な交流とも言うべき素晴らしい経験は必ずある。

それでも、である。自宅に自分に合ったパワースポットを自分で作れるのであるならば、家に帰ることが楽しくなり、生活も豊かになり、暮らしにも深みと奥行きが出るはずだ。

もっとも読者の中には、パワースポットなるものは迷信の類であり、観光客を呼び込むための方便だと断ずる人もいるかもしれない。そのような目に見えないエネルギー場など存在しないのだ、と。

それでは、なぜ人は昔から、出かけた先ですがすがしいと感じたり、心地よいと感じたりするのだろうか。しかも誰もがそう感じる場所は日本だけでなく世界中の至る所に存在する。それは、目に見えないが心地よい、あるいは力強いエネルギーに満ちた空間が実際にあるからだと私は考える。パワースポットと呼ばれるような空間は、どうしたことか理屈抜きに実在するのだ。

しかしながら、そもそもパワースポットとは何なのであろうか。それはどのように定義・表現できる場所なのか。

こうした疑問に答えるために、既に一九八〇年代半ばから日本のエネルギー集中地点について言及してきた、元祖パワースポットの大家とも言える秋山氏に、まずは初歩的なことから聞いてみよう。

感覚的に善良なパワーを与える場所

布施 パワースポットとは何ですか。どう説明したらいいのでしょう。風水と関係があるのですか。

秋山 古代において、まだ科学的な手法がなかった時代がありました。今の科学的な手法というのは、分けることによってものごとを整理していくものです。いろいろな引き出しに分けながらデータを溜めていって、何かモノを解明していくという考え方が主流です。分類、分化、または実質言葉だけでものごとを分けていく手法です。基本的には唯物論と批判主義を貫いています。

これに対して古い時代においては、ものごとの捉え方は感覚とか直感が重んじられて、全体をパッと感じたときに、どこに違和感を覚えるかとか、逆にどこに心地よさを感じるかとか、そういう体験主義的な実績の積み上げというものが、当時の人たちの学問であったと思います。

現代の科学者は古い時代の人たちのそうした手法を科学的ではないと言ってときには批判をしますが、感覚とか直感の受け容れを否定した科学が近代から現代にかけて何をしたかというと、原爆や原発を生み出し、汚染物質垂れ流しの社会を作り、便利さだけを人に与えて、麻薬のような利便性優先の文化を作ってしまいました。科学の作り出したものが我々の首を絞めているわけですから、大問題です。今後数十年で我々は、人類の存亡にかかわる大問題と対峙しなければならなくなっています。

近代科学が便利さをたくさん生み出したことは確かです。人を救う医学も発展してきたのでしょう。けれども実は、近代科学が人間の感覚をどんどん鈍らせていっている面は否定できません。逆に考えると、昔の人のほうが感覚的に非常に優秀だった可能性すらあります。昔の人が「すがすがしい」と感じた場所は、我々が今「清々（すがすが）しい」と感じるよりも、もっと深い、もっと根源的な、もっと癒される「清々しさ」であったのではないでしょうか。逆に「禍々（まがまが）しさ」も、もっとはっきりわかっていたはずです。

そういう昔の人の積み上げを総じて、空間の良し悪し、環境の良し悪しということに置き換えたものを、東洋では風水と呼んだわけです。風水とはつまるところ、いい風が通って空気がいいところで、水がいいところという意味です。で、水と空気が良くなるにはどういう環境がいいのかという、古くからある探究学です。

一方、パワースポットというのは、近代の言葉です。主にアメリカを中心にして始まったニューエイジの流れの一つで、ニューエイジと環境論との接点で生まれてきたような言葉だと考えてください。ただし日本では、私が最初に「エネルギー集中地点」という言葉を使って一九八六年に出版した『超能力開発マニュアル』でパワースポットという概念を紹介しました。

結局、パワースポットをどう定義するかというと、「何らかの理由で普通の空間ではない、日常的な空間ではない、何か見えないけれど元気になる力を持っているスポット」のことです。パワーには物理的なパワーと感覚的なパワーがありますが、人にある種の感覚的パワー、感覚的に善良なパワーを与える場所と定義することもできます。

時代と共に変化する風水学

布施 パワースポットは特異な空間であり、感覚的にパワーを感じられる空間と定義することができるということですね。そのパワースポットと風水は関係があると考えてもいいわけですか。

秋山　ええ。やはり、風水学でいいと言われたものが、個々の土地でパワースポットだとされたものと、かなり一致してくるのではないかと思われます。

ただ、伝統的な風水学も、現在では迷信など余計なものがまとわりついています。そのため風水だけでは、いい場所を見つけるのに不適切な場合もあるわけです。やたら鬼門、裏鬼門にケチをつけるだけの風水などもあります。もちろん、鬼門、裏鬼門はとても重要です。でも、風水や家相に完全に従って家を建てようとすると、まったく家が建てられなくなる場合もあります。ものすごくコストの高い家になってしまう場合もあるでしょう。現代のライフスタイルに合わないものを造っても、うまく行くはずはありません。

その一方で、現代になってから新しい不快な土地というのも生まれています。たとえば、送電線の下はなんとなく嫌だとか、なんでここは不安になるのだろうと感じるビルとか、一階部分が深く削れている高層ビルとか、いろいろ不快な場所というものも登場しはじめました。駐車場のためにビルの下の部分を削っている場合もあります。ビルの根元が削れているというのは、そのビルで生活をする人にとっては、やはり上の階にいる人ほど、不安定な気持ちになるはずです。伐り倒すために根元に斧で切り込みを入れているような木の上で生活したり仕事をしたりするわけですから、とても暮らせたものではありません。

布施　下が削れてしまっているようなビルは時々見かけますね。有名な建物にもそういうのが結構あります。

秋山 つまり、ある種の体験論的な積み上げにおける心理環境学というものが必要なのです。それが風水のパワースポット学でもあるわけです。

布施 感覚的にパワーを感じるべきだということですね。

秋山 そう、感覚的パワー。感覚的に気持ちよくいられる、気持ちよく住める場所。そういうスポットを探すのがパワースポット学なのです。

古代の都はパワースポットである「スガ」に築いた

布施 『古事記』のスサノオ伝説に書かれているように、昔の人は、感覚的にすがすがしい場所を見つけて、そこに都を築いた。そこを「スガ」と名付けたというのは、その通りなのでしょうね。でも、なんで「スガ」なんでしょうか。確かに「ス」は真ん中とか中心という意味でしたね。でも、なんで「ガ」なのですか。

秋山 ガギグゲゴはやはり「強い」という意味です。

布施 そうすると、真ん中が強い、あるいは強い中心という意味になりますね。

秋山 中心に対するパワーの集中が非常に強いということだと思います。集中とか強いということですね、ガギグゲゴは。

布施　正統竹内文書の口伝継承者である竹内睦泰氏によると、奈良の飛鳥やペルーのナスカ、シュメルのスサも「スガ」「スカ」であり、古代に築かれた都という意味であると言っていましたが。

秋山　多分、いろいろな言葉が融合したんだと思います。

〇

ここで『古事記』のスサノオ伝説に出てくる「スガ」について簡単に説明しておこう。乱暴狼藉を働いた罪で高天原を追放となったスサノオは、出雲の肥河(ひのかわ)に降臨。そこで古志(こし)のヤマタノオロチを退治して老夫婦を助けるのと引き換えに、娘のクシナダヒメを娶(めと)る約束を取り付けた。約束通りオロチを退治してクシナダヒメを娶ったスサノオは、出雲国内で新居の宮殿を造るにふさわしい土地を探した。そして、ようやく見つけた「すがすがしい」場所に宮殿を建てたので、スガ（須賀）と名付けた、というのである。

ここに出てくる「スガ」こそ、日本最古の公認「パワースポット」ではないかと思い、秋山氏にその考えをぶつけてみると、やはりスガはパワーあるいはエネルギーの集中が強い場所、すなわちパワースポットのことだと秋山氏は言う。

一方、竹内氏の「スカ」の考えもこれに近い。正統竹内文書の口伝や、天津教教祖の竹内巨麿(きよまろ)が公開した「竹内文書」では、十六方位に散った皇子は世界中に都を築き、その都を「スカ」と名付けたという。都をエネルギーの涸れた場所に築くはずはないので、やはり「スカ」はエネルギーが集まる中心、パワースポットであったはずだ。

そのように考えると、古代人は感覚的にパワースポットを敏感に感じ取る能力が現代人よりも発達していたのではないかとも思われてくる。おそらく古代人は、どういう地形にエネルギーが集まるかをよく知っていたのだろう。それだけパワースポットや、現在では風水と呼ばれている思想を身近に感じていたはずである。そのことをいみじくも『古事記』の神話が証明しているのではないだろうか。

問題はむしろ、そうしたエネルギーに鈍感になったりパワースポットを否定したりする現代人にあるのかもしれない。そんなことを考えながら、次に風水と易についての基本的な考えを聞いてみた。

宇宙に普遍的に存在する風水がある

布施 秋山さんから以前、サムスンの半導体工場の良品率の歩留りを向上させるために、特定の場所から取れた土で作った陶器を工場の隅に並べたところ、本当に生産性が上がったという話を聞きました。あれは確か、秋山さんが宇宙人から聞いた話を実際にサムスンが実行したということでしたが、これも風水ということですよね。

秋山　そうです。風水です。

布施　ということは、宇宙にも風水があるということですか。

秋山　あります。それが易として伝わった面もあると思うんです。易は、未来人とも呼べる高度知性体である宇宙人が人類に教えた可能性があります。

布施　宇宙人が易を教えたんですか！　すると、易や風水は宇宙に普遍的に存在することになります。単なる個人や個別の家の問題だけではなく、普遍的なものである、と。

秋山　そうです。普遍的にある問題、もしくは現象なんです。普遍的なベースがあって、その後、個別の問題に行くんです。あと、水回りをどうしたらいいのかとか、お日様はどちらから当たった方がいいかとか、などです。これらは風水学と家相学です。

さらにそれらの一番の源になったのが、中国で今から四千年以上前に活躍したと言われている青烏子（せいうし）（夏の禹王（うおう）の時代にいたとされる最初の風水師で『青烏経』を著した。風水は「青烏之術」とも呼ばれる）という人なんです。青烏子は、風水に用いる羅盤（らばん）（中心に磁石の方位磁針が埋め込まれた盤。基本的に外周に向かって地盤・人盤・天盤という三盤から構成されている）の原型を作ったとされています。

でも実際には、それはダウジング（地下水や貴金属の鉱脈など隠れた物を、棒や振り子などの装置の動きによって見つける手法）みたいな道具で、四角い板の上にレンゲが載っていたらしいです。そのレンゲというのは鉄鉱石を削って作ったもので、当然方位を示すのですが、あるところに行くと微妙に触れて、ノックするように動くなど変わった動きをしたようです。

布施 そうなると、まさしくダウジングですね。

秋山 そうなります。伝説によると、青烏子は「この地面の下には古い時代の遺跡が埋まっている」とか、そういうこともわかったらしいです。地面の下に隠れている物を見つけることができた、と。ですから青烏子は、単なる風水師のレベルを超えてサイキックに近かったのではないかと思います。一種の霊能者に近い資質を持っていたのではないでしょうか。

日本でもやはり、方位、霊性、空間、パワースポット化などいろいろな問題を考えた人がいました。二大巨頭で言うならば、安倍晴明（あべのせいめい）（九二一～一〇〇五年。平安時代の陰陽師。鎌倉時代から明治時代初めまで陰陽寮を統括した安倍氏・土御門家の祖）と天海（てんかい）（一五三六?～一六四三年。安土桃山時代から江戸時代初期の天台宗の僧。徳川家康の側近として、江戸幕府初期の朝廷政策・宗教政策に深く関与した）だと思います。

天海は関東地方の都市開発をやっています。そして非常に鬼門、裏鬼門にこだわりました。それから水を螺旋状に引き込むことをどうもやったらしいとされています。

これに対して安倍晴明はシンボルにこだわりました。何と言っても彼の大ブランドは、あの有名な五芒星です。**五芒星は大変強いシンボルで、空間をパワースポット化します。悪いものからプロテクト（保護）して、かつそれを見ている人の念力を強めるという性質が五芒星にはあります**。一石二鳥のシンボルです。

世界の国旗を見渡してみても、大半に星が入っています。欧州連合、中国、シンガポール、ニュージーランド、トルコ、カメルーン、アメリカ、キューバなど、多く国の国旗には五芒星が明確なシンボルとして取り入れられています。古代ユダヤのシンボルだとも言われているのですが、基本的には神の形を表しています。またはシリウスを表す、ともされています。

半導体の歩留りを向上させる宇宙風水

風水が宇宙普遍の法則であると聞いて読者の皆さんも驚くのではないだろうか。私も最初はびっくりしたが、秋山氏の話を聞くうちにそうかもしれないと思うようになった。その決め手となったのが、サムスンの半導体工場の歩留りが向上したと秋山氏から聞いたことだ。

簡単に説明すると、秋山氏は二〇年ほど前の一九九三年、当時韓国三星（サムスン）グループ企業の最高経営陣の一人だった成平健氏という人物から「サムスンの半導体工場の生産性を向上させてほしい」との依頼を受けた。そこで秋山氏が宇宙人に聞いたところ、ある特定の場所で取れた土で焼いた陶器を半導体工場の特定の一〇カ所に埋設するといいとのことであった。そこでそのとおりにすると、翌年には半導体の歩留りが飛躍的にアップしたのだという。

このとき宇宙人が教えた風水的アドバイスこそ、まさに半導体工場にパワースポットを作る方法ではないかと私は考えている。もちろんこのような半導体の歩留まり向上方法は、現代の地球の科学では証明されていない。ところが、実際に秋山氏が宇宙人から聞いたという方法で成果が上がったのだ。宇宙には、地球人が知らない未知のエネルギーが存在し、そのエネルギーをうまく利用すれば、半導体の歩留りが向上したり、そこにいる人々がすがすがしくなったり、健康になったりすることができるのではないだろうか。

もしそうだとすれば、風水的にちょっと手を加えることにより、自宅でもパワースポットが簡単にできるはずだ。それこそ、宇宙に普遍的に存在するというパワースポット製造法に違いない。

宇宙に普遍的に存在するパワースポットに関連して、秋山氏はもう一つ興味深い発言をしている。ある形が空間をパワースポット化すると主張している点だ。形にパワーがあるという考え方自体、一般読者にはわかりづらいと思うので、その点を詳しく聞いてみた。

交差したところには「福が宿る」

布施 形にはパワーがあることを、秋山さんは経験的にわかっているわけですか。

秋山 そうです。

布施 では具体的には、どのような形にどのようなパワーが宿るのでしょうか。

秋山 たとえばクロス、十字のことですが、十字の線が交差したところは、昔から「福が宿る」とされています。

布施 福が宿る。ということは、実際に線が交差したところにはパワーがあるということですか。

秋山 パワーが宿ります。地形で言うと、辻です。「辻に気が宿る」という言い方と、「辻に福が宿る」という言い方と、「辻に魔が宿る」という言い方がありますね。

布施 魔も宿ってしまう!?

秋山 そう、どちらにせよ、人間の思いを具現化する力がそこに宿るということです。それがクロスです。

それから渦巻きは、そこに力が集中する構造を表しています。

布施 クロスも渦巻きも力を強める力があるようですが、何か違いはありますか。

秋山 クロスのほうがどちらかというと、宇宙の力と呼応するところがあるように感じます。これに対して渦巻きは、大地の力と関係している部分が大きいように思います。渦巻きというのはある種、地球力に対するレンズなんです。集光レンズのような。大地の光を集める感じです。クロス、または十字架は、宇宙のパワーを集める働きが強いです。

私は天流気（てんりゅうき）、地流気（ちりゅうき）という言い方をしますが、宇宙との交信でよく使われるのは、五芒星とか六芒星ですからね。基本的にはクロス構造です。クロス構造の連続体が使われます。

布施 クロスしない渦巻きは地のパワーで、クロスする六芒星などは宇宙のパワーを表すわけですか。そう考えると、面白いですね。何かに使えそうだな。

秋山 直線というものが自然界の大地の中にはあまりありませんからね。

布施 すると、レイライン（古代の聖地や遺跡を結ぶ直線）などは宇宙のエネルギーを取り入れるために作られた可能性も出てきますね。

秋山 そうなりますね。山などを直線でつなぐような構造を大地に作ることによって、宇宙のパワーと地のパワーが交わる場所を作るという意味合いもあったのでしょうね。

布施 直線を交差させてパワーを強めたことになりますね。

秋山 そう、それを何本か交差させてパワーを強めたわけです。それに方位的な空間論もかかわってきます。

布施　修験者や陰陽師が九字（くじ）を切るときも、指で空中に縦に四線横に五線の線を交差させますが、これもパワーを強める護身法ということですか。

秋山　そうです。秘呪的なものでは、安倍晴明のものが有名ですが、空間にクロスや丸といったシンボルを描くことによって、結界を張ったり、自分の力を強めたりすることができるわけです。特別な空間を作ることで、運が強くなったり、除霊ができたりすることもあります。

布施　もしかしたら、キリスト教徒がお祈りの時に十字を切ることも、元はそこから来ているのかもしれませんね。

秋山　そうだと思います。

日本人の食卓は風水学の場であった

秋山氏と話していて、次第にパワースポットや風水の本質がわかってきた。ある形や図形を空間に作ることによっ

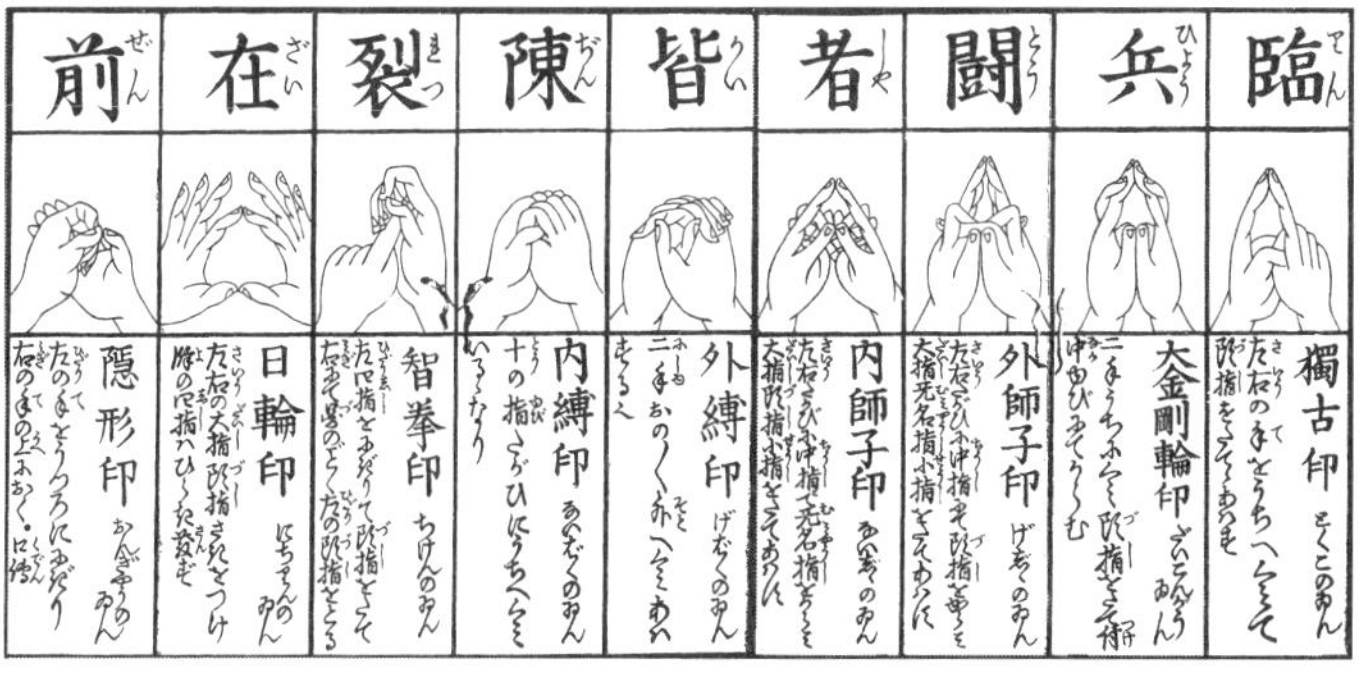

「四縦五横」の九字切りの所作

て、その空間に特別なエネルギーが生じるわけだ。逆に言うと、特別なエネルギーを呼び込むため、あるいは強めるために、その場所に形を作ったり、図形を描いたりすればいいことになる。それこそが自宅にパワースポットを作ることではないだろうか。それをそのまま秋山氏に聞いた。

◯

布施 図形や形を描くことは、自宅のパワースポット化に応用することができそうですね。

秋山 もちろんです。たとえば陶器の柄で説明しましょう。縁に渦巻きマークがあるものには、特殊なパワーがあるし、線の交差をたくさん書き込んだものにもパワーがあります。そうしたパワーシンボルをうまく使った陶器を集めるのも、自宅のパワースポット化に役立つと思います。それから、その時代時代に強いと皆が思っているものを描き込んだ陶器を使う手もあります。

布施 パワーシンボルが描き込まれた陶器を使って食事をすると、元気になるんですか。

秋山 元気になります。それに楽しくなる。陶器のプリント技術が発達した時期から、たとえば明治時代から伊万里(いまり)焼

唐草模様と蝶々を描いた器

は印判というのができるようになるんですが、そのころからいろいろな柄が出てきました。

　唐草模様には邪気を払う効果があります。蝶々のような、お蚕（かいこ）さんの柄とか、鳳凰とか、エジプトのピラミッドの柄もあります。戦時中は日章旗と地球儀と万歳を組み合わせたような陶器もありました。勲章を描いたのもあります。

布施　国威発揚ですね。良い悪いは別にして、それを見ながら食事をするとパワーが出てきたわけだ。

秋山　風流、奥行きの世界に旅したければ、竜田川の紅葉と滝の陶器を使うとかね。要するに、その時流その時流のメディアとしての意味が陶器にはあるのです。それぞれの時代に応じて、元気になったり、安らいだりできるような柄を描き込むわけです。実際に器に山水を描き込んでパワースポット化しているものもあれば、鳳凰や麒麟などの霊獣を描き込んでパワースポット化しているものもあります。その器自体もパワースポットの土を使って作られています。伊万里、唐津、九谷、備前などまさにパワースポットの土です。

　そこが面白いところです。日本人というのは、二重三重に器に凝る文化を発達させたわけです。これは日本人の感性の独特のものだと思います。これだけ器の種類が山のように

数多くの線を交差させた器

ある国って、世界でもあまり例を見ないのではないでしょうか。

布施 中国やイギリスにも同様な文化がありそうですが。

秋山 中国は確かにすごいですね。でもイギリスはある意味、アジアの真似というか、後から付けて足したようなものが多いんですよ。日本の伊万里なども、古いものから新しいものまで、イギリスは輸入したりしていますからね。少なくとも技術は日本が進んでいます。

だから日本人の食卓を見てください。そこに並べられている陶器はどこで作られたものか、どのような色でどのような柄が描かれているか、それをどのように配置するか、まさにそれが風水なんです。あの小さなお盆の上にミニ風水がある。日本人の食卓は、風水学を実践して学ぶ場でもあったわけです。

○

日本人は昔から、風水やパワースポットのことを食事の時間に無意識に勉強させられていたと秋山氏は言う。確かに伝統的な和食の食卓は芸術的で、美が調和しながら存在しているように思える。食器への盛り付けにも細心の注意が払われ、どの食材をどこに置くか、

山水の図柄を描いた器

食材の色の配分をどうするか、さらにそれぞれの食材の食感の組み合わせすらも、考えに考え抜かれて食卓が完成する。この所作に風水やパワースポット化の神髄が詰まっているのだろう。

しかし秋山氏によると、ただ綺麗に並べただけでは十分ではないという。さらに易の要素である方位が、重要な役割を演じるのだという。どういうことか。

方角には普遍的に色、形、数が備わっている

秋山 細かい理由を言うと、方位にはそれぞれに色、形、数字があるのです。シンボリックな意味がある。古い伝承にもあるし、やはりそれを検証しなおしてみても、非常に顕著にそういう性質が見られます。

布施 特定の色と形と数字が方位に付属している！ すると、それと喧嘩するような色や形を配置してはまずいということですか。

秋山 そうです。そうすると、リラックスできないということです。

布施 その方位に合った色や形にしないとリラックスできない、と。

秋山 そうなります。一つの重要な根拠は、カルル・フォン・ライヘンバッハ（一七八八〜一八六九年。ドイツの化学者、哲学者。「オド・パワー」を発見）という科学者が、未知の

エネルギー「オド・パワー（別名オディック・フォース）」の本を書いたんです。ライヘンバッハは、どうも人間の中には見えない世界に非常に敏感な人がいると気が付きました。そしてその敏感体質の人を徹底的に調べてみました。すると、真っ暗な研究室で回転椅子に乗せてグルグル回して方位をわからなくしても、北を向くと「あっ、黒い色を感じる」とその敏感体質の人が言うわけです。東に向くと青い色を感じる、南は赤い色、西は白とか言う人がいたのです。

そういう風に書いてあるんですけど、それはまさしく四神相応（しじんそうおう）で中国で古くから伝わっている四神方向と同じだったんです。

布施 まさに普遍的に方角には特定の色がある、と。

秋山 ええ。ライヘンバッハが唱えた敏感者の特質というのは非常に面白くて、日本でも翻訳されています。『神秘のオド・パワー』という本です。その中で、たとえば水晶の切っ先と後ろからは別々のエネルギーを感じるとか、暗闇でも水晶の位置はわかりやすいとか、焼けた金属のそばにいると気持ちが悪くなるとか、暖色よりも寒色を好むとか、ネギ類が嫌いだとか、お墓に行くと人の気配を感じるとか、だいたい今の敏感者の特性と同じことが検証されています。

布施 色と方角の関係をまとめてもらえますか。そもそも十六方位にそれぞれ色があるのですか。

秋山 まず四方位の色が確定しています。**北が黒、東は青、南は赤、西は白、あるいは明度の高い金・銀。残りの間々の色は、その混ざった色なんです。**だから北と東の間は、藍色、深い青です。東と南の間は紫です。南と西の間は、ピンク、またはオレンジで、西と北の間はグレーなんです。

つまり、人間には、見えないけれども感じてはいるオーラみたいなものをあえて形にしてやると落ち着く、という面があるのですね。だからオカルトという分野は、こんなに批判されてもみんなが関心を持つのです。目に見えない世界を形にしたいのですよ。文章化したいのです。映像化したいんです。こんなにオカルト、オカルトとバカにされて、いい加減だと蔑まされても、オカルトへの関心が後を絶たないのはそこに理由があります。

布施 色と方角の関係はよくわかりました。すると、形もそれぞれの方位に合った形を置くといいわけですね。

秋山 そうです。たとえば、北は井戸や洞窟など割れ目の入った形、東は長方形または円柱、南は三角形、西は三日月の形です。そうした形のものをそれぞれの方位に置くといいです。するど、何となく落ち着くわけです。数も易経の後天図(こうてんず)を使います。それらを表にしましたので、参照してください(次ページ)。

『易経』の八卦をベースにした方位とシンボル、形、色、数字の関係

方位（八卦）：シンボル、形、性質、色、数字の順番

北（坎）：水（穴・雨・耳）、割れ目や深い穴のような形、集中の滝、黒、6

北東（艮）：山（螺旋階段・登山）、凸の形、続行の山、藍色、7

東（震）：雷（森・ドラゴン・足）、長方形または円柱、人間関係の木、青と緑、4

東南（巽）：風（旗・草原・雲）、波打つ形、自由の風、紫、5

南（離）：火（仮面・噴火した火山・目）、三角形、熱意の火、赤、3

南西（坤）：地（母・海・地球）、正方形、寛容の大地、オレンジとピンク、8

西（兌）：沢（巫女・口・金属）、三日月の形、コミュニケーションの湖、白と金、2

西北（乾）：天（父・空・宇宙）、円形や球、リーダーシップの天、グレー、1

○

風水やパワースポットがどういうものか、概要を把握してもらえただろうか。次の章では、具体的にどうやって自宅をパワースポットにするかを秋山氏に詳しく聞いてみよう。

〔第二章〕

自宅にマイ・テンプルを作る方法1／基礎編

鬼門、裏鬼門には根拠がなかった！

秋山 自宅や自分の生活圏をパワースポットにする場合、まず重要なのは、日本やアジア全体に伝統的にある考え方の「鬼門」と「裏鬼門」を考えることです。陰陽道などで鬼門と裏鬼門と言えば、家相的に忌み嫌われている方角です。つまり元々、ダークな世界が家の中に直結しているというわけです。少なくともみなさんがそう考えやすい方角が家の中にあります。

布施 家の中には、ダークな世界と直結するような方角が必ずあるものなのでしょうか。

秋山 元々はなかったんです。鬼門、裏鬼門は思想的に追いかけていくと、それほど根拠はないんです。

布施 えっ、根拠がないのですか⁉

秋山 ただし、**百年を超えて信じられたものというのは、我々の集合無意識に刻まれて、やはり多大な影響を持つ**、というのが私の持論です。だから星占いも、手相占いも、いろいろな占いが当たるんです。血液型による性格相性診断なんかもそうです。

布施 血液型も、ですか。

秋山 困ったことに血液型も当たるようになっちゃったんです。本当は何の科学的根拠もありません。アジアでは日本のほかに韓国や台湾でも血液型診断が盛んですが、欧米でそんな診断をやっていると言ったら笑いものになるでしょう。ところが一念岩をも通すではないんですが、皆が長年あると固く信じたら、本当にそうなってしまうことがあるんですね。科学者を気取る人たちは、こうしたものを「だから催眠術みたいなものなんです」と言いますけれど、一面ではその通りなんです。皆が信じるのでそうなってしまった、というわけです。

布施 鬼門と裏鬼門も、日本ではそれこそ奈良時代や平安時代あたりから中国の風水思想の影響を受けて長年信じられてきたので、今でも本当に鬼門と裏鬼門が効力を持っているわけですか。

秋山 そういうことになります。そもそも、家の中をパワースポット化するには、コーナー、コーナー、コーナーなんです。角に一番滞った、マイナスの気みたいなものが溜まりやすいのです。角とか暗いところから、何か禍々(まがまが)しいものが発生したりする場合もあります。やはり伝統的に日本やアジアの場合、基本的に鬼門、裏鬼門。北東と南西の方角に邪気がたまりやすいという社会的なイメージが形成されてきました。先ほど説明したように、元々は邪気がたまりやすい方角ではないのですが、そういう社会的イメージが長く形成されると、やはりそういう方角にそういうことが起きやすくなってしまったのです。

たとえば、お化けみたいなものは家の北東の角に非常に出やすい。北東に玄関のある家は、やはりお化け屋敷が多いんです。私はゴーストバスターズをこれまで八千件以上やってきましたが、本当にお化けのいた家は二軒しかありませんでした。それぐらいお化けって出にくいんです。だけど、やはりピッタリ北東玄関でした。家相的に言う、風水的に言う最悪の構造にやはりなっていました。だから風水がいい加減ではないということは感じます。

だからまずやらなければならないことは、鬼門と裏鬼門のイメージをよくすることです。それが、自宅や自分の生活圏をパワースポットにする最初のポイントです。

○

秋山氏の説では、マイナスのイメージで語られることが多い「鬼門・裏鬼門」という考えは、人間が長い間かけて形成してきたものであるという。第一章で秋山氏が語ったように、それぞれの方角には色や形などの性質が備わっている。本来それらの性質は悪くもなければよくもない、つまりニュートラルな特性であるはずである。ところが鬼門と裏鬼門は方角が悪いとして忌み嫌われていると秋山氏は主張しているようである。

ただし、鬼門と裏鬼門が重視されたのには別の理由も存在するのだが、それは後の第九章で詳述することにしたい。

祭りは古代風水的なエンターテインメント

布施 では、鬼門、裏鬼門を具体的にどうすればいいのですか。

秋山 具体的には、鬼門、裏鬼門にどういう家具や物を置くか、ということがすごく重要です。あと、部屋の中のインテリア、ロケーションも考える必要があります。それをどうするか、です。

だから私はまず、南西の方角をパワースポット化することをお勧めします。昔の人たちは、北東と南西を神様の座ということで、そこに石を祀ったり、神様を祭ったりする習慣があったんです。

古代ユダヤ人は、あのエジプトのピラミッドを造るときに、北東の角にまず神に祈りをささげて礎石を置いたと言われています。そこから石を組み上げたのです。

ここが大変面白いところです。一番ネガティブだと感じるところを一番ポジティブに祭り替えすることによって、最大限に環境のパワーを引き出す。元々お祭りというのは、そういう儀式なんです。**みなが何かくたびれやすい年末とか、ことの節目、これから気候が過酷になるときにお祭りをやって、祭りで土地のパワーや食べ物のパワー、人のパワーを**

一点に結集して、全部きれいにしてしまう——そういうダイナミックなエンターテインメントだったんです。

コーナーの棚を左右対称に飾る

秋山 こうした祭りの考え方を自宅に応用するわけです。自分の部屋を、そして自分自身をエンターテインメント化して楽しもうとすることです。

　南西の方角、またはコーナーだったらどこでもいいです。一番暗いと感じるコーナーに、鋲で留められるちょっとした棚を付けたり、クローゼットや棚を造る。できれば薄手のクローゼットがいいです。色は白っぽいもの。棚を造って、そこに自分が納得するまでいろいろな並べ方をして、今まで集めたアクセサリーとか、石とか、本とかを、アーティスティックに絵を描くように並べる。**まずはシンメトリーから始めましょう。アーティスティックにいろいろなモノを置くんです。カッコよく置くんです。**

　整理のために置くのではなくて、カッコよく置く。で、シンメトリー。どこかに、センターで左右対称な場所を設けてください。石とか、シンボルでもいいです、左右対称に置いてみる。あるいは真ん中に、曼荼羅とか、仏像とか、神様の像とか、天使の像とかがあってもいいです。なるべく左右対称のバランスが取れる形で、アーティスティックにいろいろなものを並べる。

基本は、センターに自分の好きな面白いものを持ってくることです。センターに置いたものの単体の形は非対称でもいいんです。全体で七割くらいを対称にして、残りの三割はちょっと変則的に並べるのがコツです。

あとは、自分の好きなもので統一することです。棚で言うと、気に入っているものを上に、それほど好きではないものを下に持ってくる。雛壇のように、落差をつけるっていうのも手だと思います。あるいは、自分の思いの強いものは、より奥の院に置くことです。

最後に、うまくそこに特殊照明で光を当てるといいです。時に応じては、そこにアロマキャンドルを灯してもいいかもしれません。で、光で常にパワーをチャージする。実は光を当てると、パワースポットってドンドン強くなるんです。炎の光でも照明でも蛍光灯でも構いません。特別にスポットライトを時々当ててあげる。

いい感情で三カ月間その場で過ごしてみる

秋山 で、そこの前に座って、時々本を読んだりして、のんびりする。**自分で最初三カ月ぐらい、いい感情のときにそこの前に座るという習慣をつけるんです。**時々、いい感情で石を磨いたり、本を読んだりしてのんびりする。そうすると、その三カ月間で、その場所に自分が出しているいいパワー、いい気がチャージされます。すると、その場所がパワースポット化します。まずはそんなミニパワースポット、マイ・テンプルみたいなものをどこかのコーナーに作ってみてください。それだけで、すごく変わります。

その後、今度はベッド周りをきれいにするとか、キッチンを整理整頓するとか、いろいろな風水に挑戦してみてください。

布施 やはり風水の本などで勉強したほうがいいのですか。

秋山 ある程度は、参考程度に勉強したほうがいいでしょう。ただし、風水も先生によって言うことがマチマチ、流派でもマチマチ、全部言うことが違います。だから根拠は何か、意味は何かっていうことを常に探究することです。本や雑誌を読んだだけで、そう簡単に風水ができようものなら、みんな幸せ、みんな裕福になっているはずです。

私はそう思ったから、徹底的に調べました。二〇年ほどかけて、家相学も風水も中国風水も地勢学も全部、研究しました。そして、根拠があることが分かったのです。そこらへんの話はおいおいお話しするとして、とにかくいい感情でやることです。いい感情になることをすること。逆に変に儀式化したり、変にオカルトめいたりして、自分の感情が伴わないことをしないこと。これが最初の入り口の必須のルールです。

秋山氏が提唱する自宅のパワースポット化で重要な要素となるのは、自分が決めたコーナーで最低でも三カ月間、いい感情で過ごすという作業を重ねることである。なぜそんなことをしなければならないかというと、人間の念はその空間に留まるという癖のようなものがあるからだと、スピリチュアルな現象に詳しい知人は説明する。

その知人によると、たとえば山登りをしていると肉体の疲れとは別に重たく感じる場所があるのだという。大体そのような場所というのは、多くの人が「疲れた」という念を感じる場所で起きる。つまり多くの登山者が長年に渡り「疲れた」という念をその場所に置いていくことによって、仮に元気な人であっても、そこに到着すると「疲れた」と感覚的に感じるスポット、パワースポットとは逆に「エネルギーを吸い取られるようなスポット」が出来上がってしまうらしい。

そう考えると、楽しいとか、うれしいとか、幸せだといういい感情の念をその空間にいつも残すようにすれば、そこは幸せなスポットにも、元気になるスポットにもなりうるわけである。逆に言うと、風水でいくら形だけ整えていても、肝心の人間のいい感情が伴わなければ、絵に描いた餅になりかねないということであろう。

パワースポット化の基本はこれでわかった。では、次に何をすべきなのであろうか。

○

布施 そのほかに、どんなことに注意すればいいのでしょうか。

秋山 たとえば、カーテンをどういう素材でどういうシンボルの模様にするか、です。あとは色をどうするか、という問題もあります。カーテンの影響は意外と大きいです。ほかにもパソコンをはじめとするデジタルな電子機器をどちらの方角に置くか、というのも大事です。そうしたものを置いた場所には電磁場が生ずることになるからです。電磁場はどちらの方角にあったほうが無難なのか。

それと、基本的には自分の部屋や寝室、居間ごとにマイ・テンプルがあるといいです。

布施 では、そういった具体的な話も後ほど詳しく聞いていくことにしましょう。

秋山 そうですね。それは後で語るとして、マイ・テンプルを作る最も手っ取り早い方法をここでお教えしましょう。それは、やはりパワーストーンを使うことです。古い神社にある磐座（いわくら）がまさにそうですね。カーテンの模様や電子機器の話をする前に、まずパワーストーンでマイ・テンプルを作る方法を詳しく説明しましょう。

［第三章］

自宅にマイ・テンプルを作る方法2／パワーストーン編

パワーストーンの歴史と効用

布施 形や色にパワーが宿るならば、石にもパワーが宿るのは容易に想像できます。だからパワーストーンで簡単にマイ・テンプルが作れる、と。でも、そもそもパワーストーンとは何ですか。どのような特徴があるのでしょうか。

秋山 パワーストーンは比較的新しい言葉です。私は三、四歳ぐらいから石が好きで、近くの河原でよく石を拾っていました。石が持つ独特のエネルギーが好きだったんですね。

日本ではエメラルドとダイヤモンド以外はほとんど産出するのですが、最近は各土地で石も拾えなくなってきました。この角柱みたいなのはエメラルドです〔**次ページの写真**〕。こんなに大きなエメラルドがあるんです。私の顔の半分ぐらいあります。一つ一つがとにかくとても個性的で、見ていて飽きることがありません。パワーストーンは本当に奥行きが深いです。

布施 そういった石には何かしらのパワーが宿るということは昔から知られていたのですか。

秋山 石の歴史は、錬金術が盛んに行われた中世からずっとあります。もちろんもっと古い時代からも特別な石は珍重されてきました。

パワーストーンの世界では、俗に言う誕生石なんかは非常にポピュラーですが、実はこれも比較的近代になってきてからのもので、欧米で、宝石をどうやって売ろうかという、飽くなき努力の末に生まれた石の娯楽の一つです。後から作られたものです。元々は古代ユダヤの司祭が胸に四角いプレートを付けて、いろいろな儀式を行ったときに、そのプレートに十二個の石が配置されていたことが、パワーストーンの起源ではないかとされています。

たとえばルビーがそのプレートにはめ込まれていても、ルビーとスピネルの区別はつかなかったと言われています。それぞれの国の王家が使う王冠にはめ込まれた宝石も、ある石だと信じられていたけれども、実際に鑑定してみると、違う石だったなんてことも時々あります。でも、それには重要な意味があるのです。元々、石の霊的な効力というのは、石の質というよりも、石の色に重点が置かれていた形跡があるからです。色の特徴がはっきりとしていた石が重んじられていました。

大きなパワーが宿るエメラルド

古いエジプトの時代でもパワーストーンの利用法は非常に発達していました。古代エジプトでよく使われた石がこちらのラピスラズリです［**下の写真**］。パワーストーンの王様などと言われています。特に濃い色をしたラピスラズリは非常に少なく、とても重宝されました。紛争地域から産出するため、今はなかなか数が出ません。古代エジプトでは装身具に至るまで非常に細かくして使われていました。大変に貴重な石です。やはり藍色の石には、霊的な力があります。

パワーストーンの王・ラピスラズリ

パワーストーンの正しい選び方

布施　やはり色が重要なのですね。

秋山　宝石の中で人間の霊的な運命に影響を与える色は八種類あります。黒、藍色、青または緑、紫、赤、オレンジまたはピンク、白または金・銀、そしてグレーです。

　それぞれの色に面白い石があります。同じ青い石でも、青系のいろいろな色が混ざり合った不思議な石もあります。クジャク石とクリスコラという石が噛み合って出来た石や、同じ青い石でも棒状に結晶したような石もあります。

　とにかく石は、原石でコレクションすれば、それは世界で一つしかありません。結晶の形も実にユニークです。同じ水晶でも、六角柱や六角錐が集まったような形が有名ですが、それぞれの水晶の内包物も違えば、右回りで成長した水晶、左回りに成長した水晶があるなど様々です。右回り、左回りは、ニョキニョキ生えた水晶の塊の中に、だいたい半々の数であるんですね。面白いです。

布施　どの石を選べばよいという基準はあるのですか。

秋山　やはり加工されたものであっても、そうでなくても、自分にしっくり来るもの、自分の体質に合うものをチョイスするのが一番いいと思います。

用途別に選ぶのもいいと思います。先ほど述べた八色の石も、何かに集中したいときは黒です。受験とか仕事とか、何かに集中したいときは黒がいいです。何かを持続したい、今やっていることをいい方向に切り替えながら続けたい、そういうときはやはり藍色、濃い青です。人間関係を広げたいときは、明るい青、もしくは緑です。気持ちを自由にしたい、晴れ晴れしたいというときは、紫。情熱を持ちたい、あるいはある種の表現力、表層の力、綺麗に見せる力、元気に見せる力、コミュニケーションの力などを強めたいときは、赤です。

そして、優しくなりたい、または愛されたいというときは、ピンクとかオレンジがお勧めです。言葉を含めた自分の表現力に特化してアップさせたい、または財力を上げたいというときは、金色や銀色、あるいはキラキラした明度の高いものを選ぶといいです。最後に、リーダーシップを取りたいというときには、グレーの石がいいと思います。

私は毎日、石を組み合わせて身に付けたりして、石を楽しんでいます。石は、本当に一生の友達です。いや、一生の友達というよりも、人生の先輩です。石は我々よりもずっと長生きなんです。ひょっとすると、我々が生まれ変わっても、我々を育成してくれる場合もあります。

秋山コラム❶「輪廻転生で石とともに人生を学ぶ」

不思議な話なんですが、私は昔、前世の記憶を思い出したことがあるんですね。ある喫茶店でコーヒーを飲んでいたら、コーヒーカップの陶器の縁に触れた途端に、古い土地で畑を耕している前世の自分の映像が浮かんできたんです。突如として、です。そのとき、その前世の自分は「ああ、これだけ耕したな、うれしいな」と思いながら、そこにあった土をギュッと握って、おにぎりのように固めながら、太陽に向かってかざしていました。すると、ポロポロとその土がこぼれてきました。その瞬間私がハッと気づいたのは、そのときの土が私と一緒に生まれ変わって、今度は陶器となって私と出会ったのだということです。そのことが瞬時にわかりました。とても不思議な経験でした。

ひょっとすると、今あなたが手元に置いてかわいがっている石は、あなたの魂の永遠性を守ろうとして、また再びどこかであなたに出会うことになるかもしれません。パワーストーンのブームはいいんですが、ぞんざいにとは言いませんが、安易に扱う人も多くなっています。石は人生の先輩ですから、大切にしてあげてください。石はかわいがればかわいがるほど、パワーが増します。

たとえば、糸魚川で採れたヒスイは白っぽいものが多いです。ところがヒスイは、触れば触るほど段々色が出てきます。濃くなるのです。だからヒスイは、人が持てばもつほど価値が上がる石でもあるのです。親子三代で持つと、一番価値が上がるとされています。持って触っていると色が濃くなりますから、是非試してみてください。

私も石との付き合いが長くて、事務所の半分は石で埋もれているのですが、是非皆さんも個性的で、皆さんの生涯の友と呼べるような石を見つけてください。いいものに囲まれていることが、運を上げる最大のポイントではないでしょうか。

パワーストーンについて語らせたら、秋山氏ほど情熱的で、純粋で、かつ楽しそうに語る人はほかにいないのではないかと思われる。まるで古くからの友にようやくめぐり会えたかのように秋山氏は一つ一つの石について、その思い入れを語っていく。

ここから先は、秋山氏の事務所を訪れた私と私の知人の女性に対して、秋山氏がどのように熱弁をふるったかを実況中継してみたい。パワーストーンの霊的な側面については、私よりも少し感受性の強そうな同席の女性に、その日はあえて秋山氏との取材に参加してもらった。

パワーストーンの美しい並べ方

布施　そのようにして選んだパワーストーンですが、では、マイ・テンプルにするためにはどうやって並べるといいのでしょうか。

秋山 基本的には、石はバランスなんです。色目とバランスです。水晶のいろいろな組み合わせ方とか、その周りのモノの置き方がポイントです。

布施 なるべく左右対称に置くのでしたね。

秋山 そう、左右対称に置くこと。それにどのような色を配置するかです。やはり、真ん中に自分の気に入った大きい石を置きます。その周りにアクセサリーのように、対称的に他の石を並べるわけです。いろいろなテンプルの組み合わせ方があります。ストーンサークルのように並べたりするのも一つの方法です。

下の写真をご覧下さい。これはパワー重視の並べ方で、シャーマンっぽいテンプルです。地味な方がパワーは強いのです。これに対して、色目を重視した並べ方もあります。

水晶の「マイ・テンプル」

布施 盆栽の世界に近いですね。

秋山 そう、盆栽に近いですね。糸魚川のヒスイを使うと、明るくなります。

今の若い人たちはキラキラ系が好きなので、そういう人たちにはこうしたキラキラの石をもってくるといいです。オレンジ・カルサイトなどを配するといいですね。

布施 水晶の神殿みたいですね。とても明るい。

秋山 非常に明るくなってきますね。全体としては対称形で、一個か二個は非対称な石をセンターに置けばいいわけです。そして周りに石を配置したり、石合わせをしたり、そこに光を当てたりして、パワーをチャージすればいいわけです。

布施 光を当てたり、石を周りに置いたりすると、パワーが中心の石にチャージされるのですか。

秋山 チャージされます。さらにかわいくしたいのであれば、水晶尽くしにしてしまう手もあります。

布施 それらの石をどのように置くかは、自分のセンスでいいわけですね。

秋山 そうです。自分なりのテンションに合った石を飾ることが重要です。本当に石を替えるだけで、ものすごく雰囲気が変わります。

布施 確かに雰囲気がガラッと変わりますね。

秋山 たとえば、沸石（ふっせき）という、キラキラの石があります。これなんかを中央に置くと、周りの気がかなり違ってきます。ちょっとお洒落にしたければ、綺麗なプレート状に加工したトルマリンのプレートなんかもあります。これを置くと、まるでお日様が昇っているような雰囲気になります。こうなると、メインの石はもうご神体となるわけです。

布施 クリスタルの石を周りに配置すると、まったく違った感じになりますね。

秋山 そう。真ん中にはちょっと非対称の石を持ってきて、その周りに対称的にクリスタルなどを配置すればマイ神殿、マイ・テンプルが出来上がります。その際、プレート状の石は皿立てを使って立てておく手もあります。そうすればご神体っぽくなります。

布施 自分で神殿を作って、気持ちのよい空間を作り出してしまえばいいですよね。

秋山 最近ではクリスタルの加工技術が進んで、お皿になっているものもあります。そうなると、もうクリスタルの皿に石を入れてあげる感じでいいです。この中で、入れた石はパワーチャージされます。

布施 きれいですね。

秋山 基本のセンターラインが決まれば、後はなんでも好きなものを置けばいいんです。

パワーストーンあれこれ

布施 ところで、なぜ中央に非対称のものを置くのですか。注目が集まるからでしょうか？

秋山 というか、自然界には対称形はほとんどありません。だから非対称のものを置くことによって、自然のものを感じることができるわけです。一方、対称的に周りに石を配置することによって、人間の所作とか人為的なものを感じることができます。その両方をバランスよく感じることが大事なのです。すべてはバランスです。非対称のものばかりを並べると、自然の力ばかり感じて少し怖くなります。汚く感じることもあります。

若い人たちは、対称的でキラキラなものが好きです。自然を求める割には、意外と反自然的なものを好みます。本当に石自体の性質を、石自体が持っているアーティスティックな美しさを感じてくれればと思うんです。たとえば、こんなものがあります。

女性 ウワー、すごい。それも石なんですか。これはなんという石ですか。これもクジャク石ですか？

秋山 クリソコウラという石とクジャク石が噛み合っているんです。

女性 まるで絵画。絵具で描いた絵のようです。

秋山 ここまで行くと、石自体がスリリングです。スリルとサスペンスみたいな石です。クリソコウラ一つとっても、こんな色目があるわけです。

色目では、青系統の中ですごいと言われ、石の中のロールスロイスと呼ばれているのがこちらです［**下の写真**］。

「しゃべる石」と呼ばれたアジュライト

女性　石のロールスロイス⁉　これが石なんですか。

秋山　すごい色でしょ。これはアジュライトといって、エドガー・ケイシー（一八七七〜一九四五年。アメリカの霊能力者）が名付けたところの「しゃべる石」です。

布施　石がしゃべる⁉

秋山　そのアジュライトの特別結晶です。もうこんなに色の良いのは、産出しなくなりました。

そのアジュライトを中心に据えたテンプルがこちらです。非対称系でも、ここまで来ると、ディスカバリーチャンネルみたいになってきます。コテコテにせず、シンプルに飾ればいいんです。どこか一カ所に対称的な部分があるというのはいいですよね。

こちらはフェアリー・ストーンです［右下の写真］。

布施　フェアリーというからには妖精の石ですか。

秋山　ええ、ネイティブ・アメリカンの儀式で神聖な石として用いられてきた幸運の守り石です。カナダのケベック州北部などが産地です。その独特な形状から妖精が作りだしたと信じられたのです。

幸運の守り石フェアリー・ストーン

秋山コラム❷「霊感を強めるしゃべる石とラピスラズリ」

エドガー・ケイシーはアジュライトのことを「しゃべる石」と名付けましたが、ラピスラズリとアジュライトの区別をあまりしなかったふしがあります。両方とも非常に霊的な石であったために、古代においてはそれほど区別する必要もなかったのではないかと思われます。だから、古代エジプトをリーディングすることが多かったケイシーも区別しなかったのではないでしょうか。

そのラピスラズリとアジュライトにはこんなエピソードがあります。実は以前、ラピスラズリには銅が含まれていると私は宇宙人から聞いたことがあるのです。ところが鉱物学上は、ラピスラズリには銅が含まれていないので、私を批判する人たちは「ほら見ろ、秋山は知識がないんだ」と言うわけです。

けれども、そうでもないのです。古代においては、ラピスラズリとアジュライトを区別していなかった。アジュライトというのはどうも銅を含んでいる。ラピスラズリには銅の成分はない。過去を透視したケイシーも、二つを区別していなかったという構図が浮かんできます。

だから古代において霊的な作業で使われていたのは、ラピスラズリを含むアジュライトだったのではないかと思います。もちろん宇宙人が勘違いをした可能性もありますが、ラピスラズリとアジュライトを区別しなかったのなら、ラピスラズリに銅が含まれていると宇宙人が言ったことも納得できるわけです。

アジュライトは人の霊感を高めます。しゃべる石というのは、石がしゃべり出すのではなくて、霊聴能力が高まることを言ったのです。

今言われているラピスラズリは、悪いバイブレーションを非常に短時間で、パンっと軽く変える、いわば抗生物質のような力を持っています。運気のカンフル注射みたいな作用があります。落ち込みやすい人、悩みの多い人はラピスラズリをたくさん持つといいです。ストレスの多い人はラピスラズリを集中的に持つ必要があります。ストレスの多い、人がひしめくような島国ではラピスラズリは非常に珍重されたのです。日本はもう、ヒスイとラピスラズリの国です。あとメノウ。まあ水晶系ですね。

ほかにも霊感を高める石はたくさんあります。

アメリカ・インディアンはターコイズといってトルコ石系の石を非常に重んじました。ターコイズはやや淡い紫ブルーで、緑色のものもありますが、基本的には自由を求める人の石なのです。変化しやすい石というのは、壊れやすい石でもあるのですが、これも自由を求める人の石です。

パワーストーンでも、レインボーライトと呼ばれている、カナダ産出のラブラドルライトは、長石(ちょうせき)の一種で虹色に光ります。モルフォ蝶の羽のように光るわけです。ムーンストーンなども長石の仲間ですが、これも霊的なものとつながりつつ、悪いものを撥(は)ねる力があります。

パワーストーン「水晶」の楽しみ方

布施 こちらは水晶ですね。

秋山 水晶は結構人気があるのですが、水晶は磨いたものと、天然の柱状になっているものと、完全に加工したものがあります。また水晶は産地によっても性質が違います。加工した水晶に関して言えば、ここに勾玉（まがたま）に加工されたものがあるんですが、真ん中にレインボーが入っています。虹色が水晶の中に入っているんです。これは完全に加工された状態のものですね〔写真右〕。

布施　本当だ。虹が入っている。

秋山　水晶のいい結晶の部分を残して加工した例ですね。逆に、そこまで加工せず、ある程度形を残しながら甘く加工してトロトロにしてしまう水晶もあります。これなんかも芸術品っぽいですね。トロッとした感じが出ています〔写真左〕。

女性　飴玉みたいですね。まるで氷が融ける途中の状態で固まったようです。

秋山　こちらは特殊な、両方に頭のあるクリスタル。表面上ちょっと甘く削ってあります。エレスチャルという人気のある水晶で、水晶の中に水晶が入っていて、その水晶の中にも水晶が入っていて、さらにその水晶の中にも水晶があ

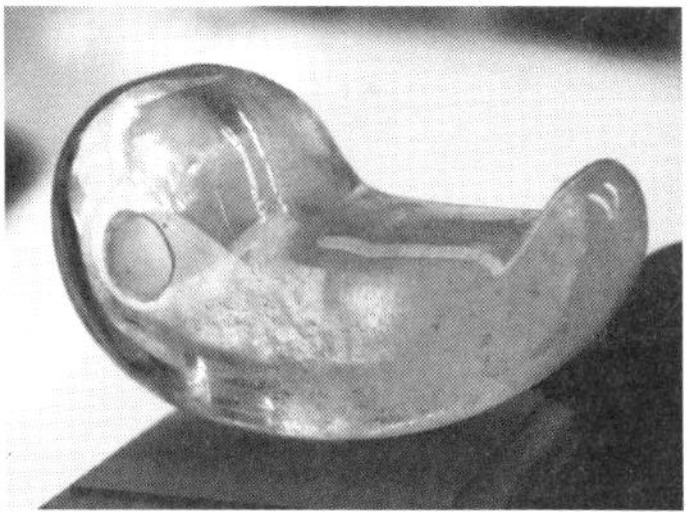
勾玉の形に加工された水晶

トロトロ状に加工された水晶

るという入れ子構造になっています〔**写真下**〕。しかも鉱物の種類が少しずつ違うのです。

実は今日たまたま手に入ったのですが、水晶の原石の変わり種もあります。両方が頭の原石もあれば、片方が頭でものすごく細くて長いものもあります。今、お見せしている両方頭の石はうっすらと煙がかかっているのでスモーキーと呼ばれていますが、このようにちょっと色の付いたのもあれば、少し扁平に太った水晶の原石もあります。こういう一本柱のものをポイントと呼びます〔**下の写真左**〕。

次は俗に言う「フェアリー・クリスタル」〔**次頁の写真右**〕。こういう風に水晶から小さい枝が出ているんです。斜めに出たりするものもあるのですが、こういう形のものは「フェアリー（妖精）が宿る」と言って、珍重されています。

布施 本当に千差万別ですね。

秋山 フェアリーでロング・ポイントというのもあります。

入れ子構造になっている水晶のエレスチャル

形状から「ポイント」と呼ばれる水晶

どこで採取したかにもよるんですが……。

布施 これらはどこで採取されたのですか。

秋山 これはブラジル産ですね。ちょっと濁っているのは、ヒマラヤだったりします。こちらは、大型のロング・ポイントのクロスです［**下の写真左**］。

布施 これはクロスのところに力が宿るのですね。

秋山 そうです。このクロスのところにちょっとグリーンの鉱物が入っています。結構、壮観ですよね。このように水晶一つを取っても、まず形だけでもいろいろな種類があります。これもツイン・ヘッド（頭が二つある水晶）の一種ですが、まっすぐなポイントが一つあって、個性的でしょ。

レムリアの記憶を持った水晶

秋山 こちらはツイン・ヘッドのブラックです。

布施 スモーキーとはちょっと違いますね。

秋山 こっちがスモーキーで、こちらがブラックです。両端

小枝が出ているフェアリー・クリスタル

「ロングポイントのクロス」と呼ばれる水晶

にはっきりと黒が入っています。ここが面白いところなのですが、このように細かい線がはっきりと出ているものを「レムリアン」と呼ぶんです。だからこれは、ツイン・ヘッド・レムリアン・ブラックです［**写真下**］。

布施　レムリアン？　「失われた大陸レムリア」と関係があるのですか。

秋山　レムリアの記憶を持っていると言われているんです。水晶の中には「レコード・キーパー（記録係）」と言われる水晶があって、その中でもレムリアンという水晶は、このようにレコード盤の線のように細かい線が入っているのを呼びます。

ツイン・ヘッド・レムリアン・ブラック

一方、水晶の側面に三角形の出っ張りがたくさん入っている水晶もあります。トパーズなどにも半円形の出っ張りが出ているのがあるのですが、そういう水晶もレコード・キーパーと呼ばれています。それらはアトランティスの記憶を持っていると言われています。

さて、次はすごく珍しいです。ブルー・ルチル・クォーツ、すなわちブルーの針入り（ルチル・クォーツとは水晶内部に針状結晶の入った針入り水晶の総称）です［**次ページの**

写真右〕。ブルー・クリスタルはあまり紹介されていないので、ぜひ写真を掲載してください。

元々、青い水晶は存在しないと言われていたのですが、最近になって結構見つかるようになりました。次は、レムリアンの虎目です〔**下の写真左**〕。

布施 これはすごい！ でも虎の目？

秋山 虎の目のように二つ黒くなっているでしょ。

布施 ああ、なるほど。

秋山 レムリアンというのは、持ったときの感触が独特です。持ってみてください（女性に手渡す）。

女性 ウワー、すごい。ちょっとピリッと来ていますね。怪しげな方向に行ってしまうような感じがします。

秋山 気が付くとハリー・ポッターの世界へ行ってしまいそうでしょ。これも針入りです。レッドの針入りもあります。持った感じがもう全然違います。この冷たさは何なんだ、という感じです。「ピーン」と感じます。

ブルー・ルチル・クォーツ

「レムリアンの虎の目」と呼ばれる水晶

女性　それぞれの面がまったく違った感じで、全部の面がレコード盤になっているように思います。

秋山　そう、とてもワイルドなんですね。感触だけ味わってみるといいのですが、どれも「ピーン」とした感じはあっても、それぞれまったく違うんです。

次のこれも水晶です。

女性　水晶でも、これは軟らかいというか……。

秋山　そう、軟らかい。加工することによって水晶はマイルドになります。

女性　同じように触るとひんやり冷たいのに、なぜか軟らかいという感じがします。

秋山　そう、違うんです。こちらの水晶は霊的にはピチピチしています（女性に手渡す）。

女性　ああ、すごい。

布施　それぞれが本当にレコード盤みたいになっているんですね。

秋山　そうそう。だからレーザー光線を当てると、いろいろと光の情報が出てくると言われています。特にレムリアンという水晶は、触ったときの感触がとんでもなくいい感じです。

クリスタルを使ったヒーリングも可能

秋山　ツイン・ヘッド（両端が尖った水晶）もそれぞれ触った感じが違います。何が違うか表現しづらいのですが……（女性に手渡す）。

女性 それぞれ個性があって、手で感じ取れるものがまったく違うんですね。同じようだけど違う。

秋山 私たちはツイン・ヘッドを使って、ヒーリングをします。

布施 ヒーリングもできるのですか。

秋山 クリスタル・ヒーリングは、クリスタルの尖った先端でちょっと触れるだけでいいんです。押したりしないんです。ちょっと触れるぐらいでいい。触るだけでも、ピーっとして結構刺激が強いんです。だから切っ先で触るだけ。

布施 触るだけで、元気になるのですか。細胞が活性化するとか？

秋山 痛いときに切っ先を当てるだけで気の流れが変化します。

布施 痛い場所に当てればいいのですか。

秋山 痛みやかゆみ、肩凝りのときに実験してみてください。

布施 尖った部分を直接頭に当てるんですか。ツボの刺激みたいですね。

秋山 最初はちょっと痛いのですが、本当に痛みが変化します。

女性 病院でも、そういう治療をしてくれるといいですね。

秋山 本当だよね。こういう石がたくさん並んでいる病院が欲しいです。そんな病院なら、すごく行きたい（笑）。

女性 私も行きたいです（笑）。

秋山 パワーストーンが好きな人が多いのですから、病院もそのぐらいの演出はしても悪くない、と思うんですけどね。

女性 もしそれで治るものがあるのだったら、別に薬を飲まなくてもいいのに。

布施 昔の人はそうやって治していたのかもしれませんね、レムリアとかでも。

秋山 そうですね。とにかく、こういう風に石をコンビネーションで一斉に並べれば、壮観な神殿、マイ・テンプルができるんですよ。

女性 こうしてパワーストーンを並べるだけでも楽しいです。

秋山 だから本当に、自分が瞑想している周りに、このようなモノを並べていくと神聖な場所が出来上がります。それで東西南北を決めて、気持ちを静めていく。それだけでも実は、私は体が温かくなるのです。

布施 一種の霊的な温泉に入ったみたいになるわけですね。

秋山 そういうことです。

パワーストーンを並べて瞑想する秋山氏

それぞれのストーンを霊的に体感する

女性　この茶色い石はなんですか。

秋山　それは北海道産のカーネリアンです〔**写真左下**〕。石狩市厚田産の巨大赤メノウです。真っ赤なメノウはほとんど染めたものですが、これは自然の赤です。メノウはすごく染めやすい石で、何百年もの染める伝統技術があります。で、染めたところの縞目のところを削りこんでいって作るのがカメオ（メノウや貝殻の縞模様を利用して浮き彫りを施したもの）です。

女性　すると、カーネリアンは赤いほうが染めたものである場合があるということですか。

秋山　そうです。そういう場合が多いですね。天然の色目はこのような茶色っぽい赤です。オレンジがかっていますが、もうちょっと赤いのもあります。

　これに対して水晶は、真っ赤なものは本当に真っ赤です。今は手元にありませんが、とても美しいです。

布施　真っ赤な水晶ですか。

秋山　でも、とっておきのものはエメラルドです。エメラルドというと、指輪に使われているような小さいものを想像

北海道産のカーネリアン（赤メノウ）

するかもしれませんが、でかいものは本当にでかいです。この大きさです［写真下］。いい感じでしょ。これが大きいエメラルドです。でも、さっき水晶を触ったときとまったく違うはずです（女性に手渡す）。

女性 ああ、違いますね。何か温かい……。

秋山 そう、温かい。

女性 触ると冷たい石ですが、温かい。

秋山 石の温度はそんなに変わらないはずなのに、エメラルドのほうがホワ～ンと温かいんです。

女性 本当に温かい。ピキーンと張り詰めるような感じが水晶だとしたら、エメラルドは温かい感じがします。全然違う。面白いですね、石って。

秋山 本当に面白い。これが、ヒスイだとまた違うのです（女性に手渡す）。

女性 ああ、これなんかはぬるま湯みたい。

秋山 そうです。よくわかりましたね、ぬるいんです。エメラルドは「ブワ～ン」という感じでしょ。南米の石だな、と思う。ところがヒスイは、ぬるくて「モワ～ン」という感じです。

エメラルド

女性 そう、モワ〜ンとしています。

秋山 だから水晶は滝を浴びる感じです。「ピキーン」ってね。

女性 全然違うんですね。

秋山 北海道産カーネリアンは「モワ〜ン」としているように見えて、水晶までいかないにしてもやや冷たい。というのも、メノウと水晶はほとんど同じ石だからです。

女性 そうなんですか。

秋山 ええ。穴の内側に水晶がいっぱい生えて、それがひしめき合うとメノウになります。

女性 北海道産カーネリアンのほうが水晶より温度が高い感じがするんですけど、やはり冷たいです。カーネリアンは石自体が、何と言えばいいのか……。

秋山 「ジーン」という感じがするでしょ。石を触って比べてみると、霊的温度と体感温度が違うっていうことがわかるんです。

女性 はい、わかります、わかります。

明確に異なる霊的感覚と肉体的感覚

パワーストーンをめぐる秋山氏と同席の女性の会話を横で聞いていて、私まで楽しくなってしまった。とにかく二人とも、石を触ったときの霊的な感覚がまったく同じなのである。パワーストーンについて二人は明らかに共感し合っていた。ところが霊的に敏感でないと、このような楽しみ方はできない。

実は私も、霊的な感覚と肉体的感覚を明確に区別した経験がある。それは友人と念で水の味を変えることができるかどうかという実験をしたときのことだ。一人がコップに入った水に向かって味が変わるように念じる。その水をもう一人が味わって、味が変わったかどうかを調べるというわけだ。

そこで、友人が念を入れた水を私が味わったところ、不思議な現象が起きた。舌先で感じる水はまったく普通の水の味しかしないのだが、もう一つ別の感覚が、水の味が甘くなったと感じていたのである。非常に面白い体験であった。つまり、人間の五感を超えたところにスーパーセンサーと呼べるような霊的な感覚があり、そのセンサーを使えば、人の気持ちを味覚で味わうことすらできるのである。

ではなぜ、今回パワーストーンに触っても筆者がなにもコメントしなかったのかと訝る読者もいるかもしれない。実は、言い訳がましくなるが、取材や写真撮影をしているときはこの霊的な感覚はオフになってしまう傾向があるのである。リラックスして楽しんでやっているときは、この感覚はオンになっている。だが、取材という仕事をやっているときは、ある種の緊張を感じているためかもしれないが、この感覚をオンにすることはなかなかできない。

しかしながら今回は、その日同席した女性のお陰で、パワーストーンが霊的にどのような感触があるのかをうまく伝えることができたのではないかと思っている。

それでは二人のパワーストーンをめぐる問答を続けよう。

水晶の霊的体感の違いを感じる

秋山 霊的な体感でいうと、水晶を触ったときはものすごく冷たいです。

女性 本当に冷たいですね。透明な、氷の冷凍庫の中にいるような感じがします。

秋山 ところが、その冷たい水晶のはずなのに、ヒマラヤ水晶とかチベット水晶とか呼ばれている、インドの北部で採れる水晶は、意外と冷たくないんです。チベッティアンとかヒマラヤンとか呼ばれています（女性にチベット水晶を手渡す）。

女性 あっ、全然違いますね。

秋山 違うでしょう。

女性 温かいです。張り詰めた感じではないですね。

秋山 ねっ。さらに国産の水晶は、今はここにはありませんが、もっと温かいです。

女性 えっ⁉　チベット水晶と国産の水晶も違うということは、採れる場所によってすべて違ってくるということですか。

秋山 そうです。つまり、産地を感じるということですね。

女性 産地のエネルギーでしょうか、同じ水晶でも何かが違うのですね。

布施 特に水晶は産地に影響されるということですか。

秋山 影響されます。水晶は産地のレコード・キーピングをするんです。

女性 最初は大きさで感じが違うのかと思ったのですが、小さくても大きくても、やはり冷たさはそれぞれ採れた場所で違う感じがします。

秋山 その冷たさ具合を両手に持って比較してみてください（チベット水晶と南米産水晶を手渡す）。

女性 南米産の水晶のほうが「ひゃ〜」となります。

秋山 そう、「ひゃ〜」となるでしょ。同じ水晶でもこんなに違うのです。

女性 カチンカチンの氷を持ったときとも違うのですね。それよりももっと冷たい。なんて言うんでしょう、背筋がピーンと通るような冷たさかしら。

秋山 ツイン・ヘッドというのは、元々「ハリー・ポッター」なんかに出てくる魔法使いの杖の先に埋め込まれていました。陰陽両方の力を吸収して強くなると言われて、珍重されてきました。ツイン・ヘッドそのものも市場に出回ることは少ないです。

だから水晶は、形もいろいろあるし、中の鉱物の変化形もあるし、産地でも違うし、本当に面白いです。

女性 まったく違うものなのですね。これまで水晶のことを、色だけの違いなのかと思って、十把一絡げにして考えていましたが、そうではないのですね。

秋山 水晶を触り慣れてくると、変わったものしか集めなくなります。これまで紹介したのは、かなりマニアックなものですから（笑）。

女性 なるほど（笑）。

秋山 だから一般の方は、もう単純な、加工された水晶でいいと思うんですよね。「綺麗だね、キラキラで」みたいな水晶で十分です。私なんかは、もうそのような単純な水晶では物足りません。先ほど見せた強烈な水晶でないと……。

布施 枕にして寝たりして？

秋山 いや本当にね、一度水晶の枕で寝たことがあるんです。だけど、やはり「う〜」って首が凝りました（笑）。

女性 私はスモーキーというのがあるのは知っていたのですが、青いのや黒い水晶があるのは知りませんでした。

秋山 先ほど見せたのは、黒といっても薄かったですが、本当のブラックは炭みたいに黒いです。これが黒い水晶です。真っ黒です〔写真下右〕。

女性 えっ、これが水晶なんですか。

布施 本当だ、真っ黒だ。

秋山 スモーキーでも、茶色っぽいスモーキーや黒いスモーキーがあります。ほかにグレーもあります。色で言うと、ゴールドもあります。これがルチルの金です〔写真下左〕。で、こちらがグレーのファントム。レッド・ルチル。グリーンのファントムもあります。

女性 このルチルなんかは、すごく綺麗な針が入っている。

布施 レコード・キーパーかな。記録装置。

秋山 変わったものでは、赤い燐の粉のようなものが入っているファントムもあります。

女性 とても綺麗です。どうしたらこんなになるのか、と思うほど。

布施 ピンクの砂みたいのが入っていますね。

秋山 ルチルのシルバーです。

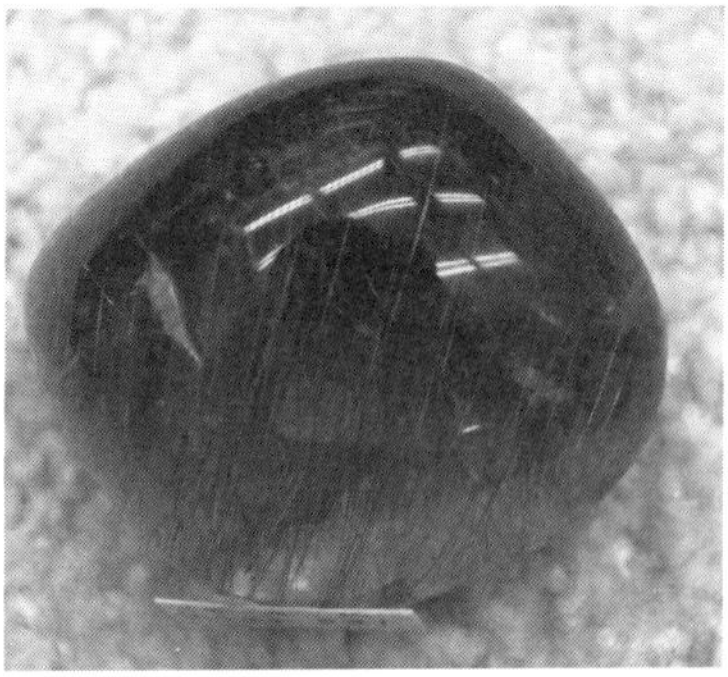

金のルチル・クオーツ（針入り）

黒い水晶

女性 金だけでなく、銀もあるのですか。

秋山 ほかにもシルクのルチルとか、もう、いろいろな色があります。だけど、台湾で結構買い占められてしまって、ルチルは手に入らなくなってきています。市場価格が高騰してしまったので、おいそれとは買えなくなってきました。

女性 もう、水晶というより別な鉱物みたいです。本当に水晶の中にこんなものが入るのかしらと思うほど、不思議な水晶。すごい。

秋山 もう芸術作品ですよね。変わり種水晶でもう一つ、写真にうまく撮れるといいんだけど、赤いガーネットが中に入っている水晶です。ガーネットといっても、ザクロ石ですね。

女性 赤い石が入っている。

秋山 ザクロ石も大きくなると、こんなになります〔写真下〕。

女性 えっ、これが！　いや、すごい。赤い色が濃くなるとこんな色になるのですね。

秋山 ザクロ石の大型結晶です。最近、日本で発見されたガーネットもあります。これは奈良の天川（てんかわ）で見つかったもの

ザクロ石の大型結晶

です。表面が虹色に光るレインボー・ガーネット［**写真下**］。

女性 私の知っている宝石のガーネットじゃなくて、まったく違う別のものに見えます。

秋山 天川周辺では、小さい変わった水晶も出ています。イエロー・クリスタル。これも天川産です、五代松(ごよまつ)鉱山の。

古代からの石の波動を感じて絵にする

秋山 結晶の面白さで言うならば、黄鉄鉱、パイライトですね［**写真下左**］。「なんだこりゃ、自然はどうなっているんだ」っていう感じですね。サイコロ状に結晶するんです。

女性 何ですか、これ！

布施 これも不思議ですね。これが自然のものなんですか。

秋山 まったく自然のものです。これのものすごく大きいのもあります。

女性 何かモニュメントを造ってくださいと頼まれて、誰かが造ったオブジェみたいです。

表面が虹色に光るレインボー・ガーネット

サイコロ状に結晶するパイライト

秋山 もう、ただ芸術としか言いようがありません。もういい加減にしてくれ、って思います（笑）。石って何なんだろう、と改めて考えさせられます。

女性 これ全部、地球上にあるんですよね。すごい。

秋山 銅の枝もあります。純銅の枝［**写真下右**］。純銅自体も珍しいものです。

女性 サンゴみたい！　それに色が何色も入っている。

秋山 最近流行の中国の大理石、肉石（にくいし）［**写真下左**］。

女性 先日、静岡県の奇石博物館でも見ました。ベーコンみたいな石ですね。

秋山 私はルビーも好きです。赤いところがルビーで、もうピンク・サファイアに近いです。

女性 ルビーって、もっと赤いのかと思ったら、こういうピンク色のもあるんですね。

秋山 ルビーとサファイアは本来、同じ石なんですよ。本来はコランダムという石なんですけど、それにいろいろなバ

サンゴのような形をした純銅

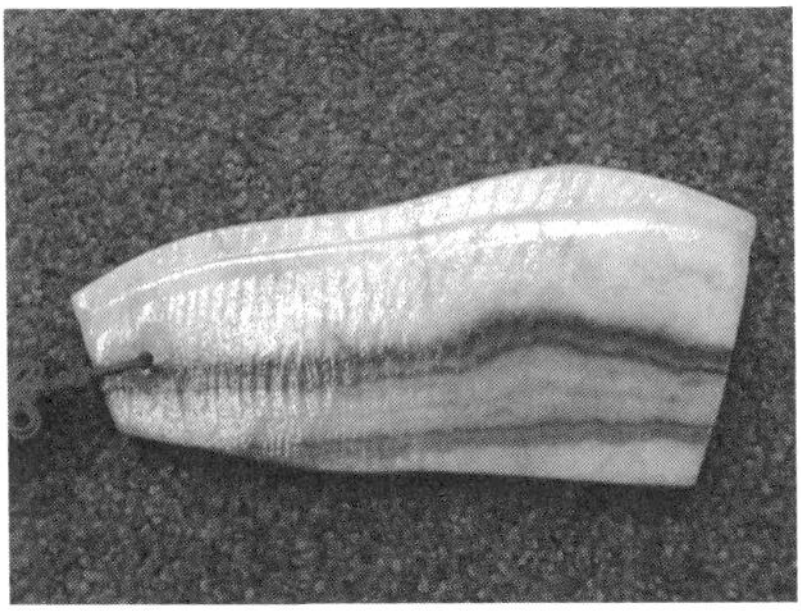
ベーコンのような模様の「肉石」

ージョンがあるということなんです。ピンク・サファイアというのは、ルビーの赤までいかないピンクのサファイアということです。それに黄色が少し絡んでいるのがパパラティアと言うのですが、それはすごく高価です。

こちらがマラカイト、クジャク石です。先ほど見せたのはクジャク石が混ざったものでしたが、こちらは純粋なクジャク石［**写真下右**］。

女性 どうやったらこうなるの、という感じですね。

秋山 いや〜、石もパッションがあるのですね。最近私は、石の波動、古代からの石の波動を感じて心に浮かぶシンボルとか文字を石に描き込むこともやっています。これがその石ですが、石の波動を感じると、この絵のように見えてくるんです［**下左と次頁の写真**］。

布施 これは面白い。こんな風に見えてくるのですか。

秋山 こうとしか見えないのです。筆がそうとしか運ばない。

布施 いわゆるお筆先、自動書記ですね。これは自分で石を

クジャク石

シンボルや文字を秋山氏が描き込んだ石

手で持ちながら描いたのですか。

秋山　自分の手で持って、自動書記しました。石からやってくる超古代情報と文字が自然に描き出されるという感じです。石を持った瞬間に絵が出てきます。これは国内の川で拾ってきた石なんですが、どういうわけか、だんだん描きたくなったんです。

布施　いつの時代の石で、どんな時代の情報かはわからないのですか。

秋山　超古代としかわからない。ただし、描きたくなる石とならない石があります。だから記憶を持っている石と持っていない石があるように思います。

女性　この絵を見ると、漢字の旁（つくり）とか、最初に文字ができたときの古い文字に見えます。

布施　神代文字のような……昔の文字はこういう文字だったのかも。

秋山　改めて見ると、これはストーン・アートの世界ですね。逆に言うと、普通の石や美しくない石でも、マイ・テンプルに使えるのではないか、と思うのです。

布施　ご神体になりうる、と？

秋山　そうです。冷静に考えると、なぜお墓が発達したかというと、やはり好きな石を飾る

シンボルや文字を秋山氏が描き込んだ石

という、テンプルそのものの発想が石から来ているわけです。それが古代では磐座（いわくら）であった。

布施 なるほど。自然の中の巨石も、自宅に飾る石も、本質においてはそう変わりはないわけですね。そこに神聖な空間であるマイ・テンプルが出来上がるわけだ。

石は古代の記録を残すための装置

秋山 最後に変てこな水晶を紹介します。スーパー板状レムリアン［写真左］。

布施 スーパー板状レムリアン!?

秋山 もう何がなんだかわからなくなるでしょ。いきなりアリクイが出てきたみたいな世界です（笑）。

布施 シュールですね。

女性 形を見ると、うちの冷凍庫でも作れそうな氷のようですが、どこかが氷とは違うとすぐにわかるから、そんなはずないよね、と思ってしまう。自分の視覚に対する認識が変わってしまったような変な感じです。触っても冷たくないですし……。

「スーパー板状レムリアン」と秋山氏が呼ぶ水晶

秋山　そう、冷たくないんです。

布施　冷たくない水晶なんだ。これはどこで採れたのですか。

秋山　チベットです。

布施　ああ、だから温かいんだ。

秋山　そう、チベットの水晶は温かい。

女性　こんなに大きいからすごく冷たいんじゃないかと身構えて持つんですけど、冷たくないんです。奥が深いのですね。

布施　こうしたレムリアンを読み解く人もいるのでしょうね。バーコードを読み解くように。

秋山　それはあるでしょうね。それぞれ、石は情報を持っています。

女性　小さい石でも情報が詰まっているとしたら、大きい石はレコーダーとしてもっと大容量の記憶を持っているとしてもおかしくないですね。

秋山　それはそうですね。きっとそういう石もあるのでしょう。

布施　多分超古代においては、それを石に記憶させる記録係もいたのではないでしょうか。巨石にはそういう役割もあったと私も思っています。イギリスのストーンヘンジの巨石にも誰かがやったような気がします。

秋山　そう、やっているはずなんですよね。

○

以上がパワーストーンでマイ・テンプルを作る場合の具体例だ。どの石を置かなければならないという決まりなどない。要は自分の感性にあったパワーストーンをその時の気持ちや気分に合わせて並べればいいのである。秋山氏と女性の会話を聞いていて思ったのは、大切なことは、やはり石を愛でること、つまり石に触って感じたりすることを心から楽しむということだ。

それにしてもなぜ、秋山氏のような能力者や霊的に敏感な人がこれほどまでにパワーストーンに魅せられるのであろうか。そんな素朴な疑問を抱いていると、秋山氏が「最近になってついに超能力やパワーストーンのパワーの秘密がわかってきたようなんです」と話し始めた。

超能力と石のパワーの秘密はテラ波にあった！

秋山　最近の研究によって、超能力やパワーストーンには超能力波と呼べるようなものが介在していることがわかってきたのです。その超能力波はテラヘルツ波（テラ波）と呼ばれており、これまで謎だった超能力や超常現象のメカニズムを解明するのではないかとすら考えられているそうです。

布施 テラ波？　聞いたことがあるような気がします。

秋山 テラ波は物質を貫通します。そして、透視とか、確率を偏らせるとか、いろいろなことに関係していることがわかってきたんだそうです。一番すごいのは、テラ波というのは電波と光波の中間帯にある電磁波で、モノを貫通してしまうことです。そのテラ波を最も出しているのが太陽です。テラ波が燦々(さんさん)と地球に降り注いでいるわけです。

モノを貫通するテラ波ですが、そのテラ波が貫通しないで留まる物質があります。それが特定の石であり、水なんです。テラ波は、昔からパワーストーンとかパワースポットとか言われているエネルギーの根拠となりうるわけです。

布施 パワーストーンやパワースポットなどに存在する目に見えない力が、科学的にも解明されつつあるということですか。

秋山 そうなります。究極的にはテラ波を吸収するのは水晶系の石です。だから水なんですね。水にテラ波の情報が記憶される。ただし、水の結晶に影響すると一般的に言われている「波動」とはまるで違うものです。「波動」は測定自体に問題があります。測定者の主観が入るからです。その点テラ波は、あらゆる超能力のメカニズムを一気に解明してしまう可能性があります。だから究極の利権になりつつあります。

布施 そのテラ波は測定できるんですね。

秋山 測定できるようになりました。最近ようやくできたんです。あと二、三年で大変なことになる可能性があります。水にチャージされやすいという性質を用いて、水からテラ波のエネルギーを取り出そうという動きもあるようです。

テラ波は服も貫通しますから、たとえば、テラ波をたくさんチャージしている水をスプレーで服の上からかけるだけで、痛みが取れちゃったり傷が治ったりする可能性もあります。腰痛なんて一瞬で治るかもしれない。ヒーリングどころではありません。

テラ波は人間の体からも出ています。パワーストーンのパワーの根本にあるのは、テラ波かもしれないわけです。

布施コラム❶ 「超能力解明のカギを握るテラ波」

テラヘルツ波（テラ波）が超能力解明のカギを握っている可能性があるというので、私も早速調べてみた。

テラ波とは周波数がおよそ0・1～10テラヘルツ（THz）の領域にある電磁波のことである。波長が電波と光の境界領域にあるため「光と電波をつなぐ夢の領域」とされている。電波の透過性と光波の直進性を併せ持っているテラ波だが、発生や計測が難しいこともあり、これまで未開拓な領域であったという。

ところが最近の科学技術の進歩によりテラ波を発振させたり計測したりすることができるようになると、テラ波が医療や情報通信、セキュリティーカメラなど多種多様に応用できることがわかってきた。まだ研究途上だが、テラ波は水に最も効率的に吸収されること、テラ波は人体からも放射されており、健康な人ほどその放射量が多い可能性があること、身体にテラ波を透過させることでがん細胞の位置を特定できるだけでなく、傷ついた細胞を修復できたりする可能性があること、赤外線でもX線でも捉えづらい「目に見えない物質」を可視化・映像化する可能性があることなどの研究成果が報告されはじめたという。

たとえば生命がテラ波を発しているなら、人間が放ったエネルギーの残像をテラ波カメラが捉えることができるようになるかもしれない。超能力者がよく残留思念（物体や空間に残されたエネルギー）を感知する能力があると言われているが、テラ波がそれを可能にするとも考えられるわけだ。言い換えれば、テラ波的感覚、あるいはテラ波を感知する能力を超能力者が持っているからこそ、彼らは目に見えない霊や残留思念が見える、とも言えるのである。

秋山氏は以前からオーブ（霊界因子）は赤外線カメラで写るとの説を採っている。テラ波カメラが開発されれば、より鮮明にオーブや霊的な存在が撮影できるようになるかもしれない。そうなれば霊の持つエネルギーの正体が解明できるはずだ。

テラ波が水による吸収が大きいというのも、いわゆるスピリチュアルな能力を持った人たちの証言と一致している。彼らは口をそろえて「人間の想念や気は水に転写しやすい」と述べているからである。

またテラ波を最も放出しているのが太陽であり、満月からも放射されているとの説もあるという。漫画『ドラゴンボール』のサイヤ人や「狼男」ではないが、満月の晩に大猿になったり狼になったりする物語もまったく科学的に根拠のない話ではなくなるかもしれない。

テラ波には超能力的性質があり、超能力にはテラ波的性質があるように思える。まだテラ波が超能力波なるものと同一であると断じることはできないが、その可能性を秘めていることは確かなようだ。

○

これほどまでに秋山氏を熱狂させるパワーストーンである。我々がこれまで知らなかった未知のエネルギーをパワーストーンが貯蔵し、それを放出しているとしても不思議ではない。パワーストーンは太陽の光に当てれば〝充電〟できるわけだから、無限の可能性が生まれてきそうだ。

自宅に帰って、私も早速、既に持っている石を使って書斎にテンプルを作ってみた。中央に気に入っている水晶を置き、その周りをなるべく左右対称にして他の石を飾るように配置してみた。すると、それだけで何か自分だけのミニ神殿ができたような気になり、心が安らいでくる。

このミニ神殿の前で、ポジティブな、明るい気持ちで執筆活動にいそしめば、ますます仕事がはかどるようになるのだろうか。その成果については、この後私がどのような作品を世に出していくかによって見ていただくことにしよう。

次の章では、さらに詳しく、鬼門、裏鬼門でのパワーストーンの置き方や用途別の使い方、さらには植物などパワーストーン以外のアイテムでパワースポットを作る方法などを紹介していきたい。

［第四章］

空間を浄化する様々なアイテム

ですね。

「鬼門」「裏鬼門」をきれいに飾る方法

布施 マイ・テンプルを家の中に作ることによって、居住空間がパワースポット化するわけですね。

秋山 パワースポット化すると同時に、空間も浄化します。空間を浄化するには、何もパワーストーンに限る必要はありません。自分の好きなモノ、たとえばフィギュアとかミニチュアカーなどでも構いません。いろいろな方法があるわけです。

そこで鬼門、裏鬼門の話に戻りますが、とにかくここを不浄にしてはいけないのです。家の中に何となく怖いとか、何となく霊の通り道になっているとかの方位や空間のイメージがあって、その場所が汚れっぱなしとか、カビが生えっぱなしとか、暗いままとか、整理されていないものが積み上げられているとかではよくないです。

古い時代には、鬼門の角とかは切ってあって、そこに要石（かなめいし）という石が乗っていることが多くありました。しかし現代のマンションでは、部屋に要石を置くのは難しいでしょう。そこで、鬼門、裏鬼門にパワーストーンを置くことを勧めているわけです。アクセサリーなど金属製品を飾るのもいいです。

布施 そのために鬼門、裏鬼門や角に棚を作れ、ということだったのですね。

秋山　そうです。たとえば、鬼門、裏鬼門の方角が家の角であれば、その角に三角形や扇形の板をピンで留めるだけで簡単に造れる棚もあります。そういう家具が今では百円ショップでも売っています。それを重ねていけば、それはもう棚になっちゃうんです。

それから、幅の小さな棚でもいいです。結構いろいろなものが売られています。そのとき注意するのは、自分の家の壁の色に合わせた棚選びをすることです。アクリルやガラス製のケースの棚もきれいですが、石を置く場合はガラスを傷つけるとそれがそのまま残ってしまうことがあります。だから基本的には白系統の棚がパワーストーンには合うのではないかと思います。ガラスの板の場合には、上から照明を照らすようにすると石がきれいに見えます。

石を置く場所の美しさも含めて、鬼門、裏鬼門に照明があるというのは悪くないです。できれば、鬼門、裏鬼門には仏壇や神棚があったほうがいいくらいです。

布施　ところで鬼門、裏鬼門は正確に北東や南西でなければいけないのですか。

秋山　北と東の間、南と西の間であれば、どこでもいいです。

布施　そういえばうちの北と東の間ですが、洗濯をする時以外にはあまり使っていません。そのような寂しい場所にもパワーストーンを飾ったほうがいいのでしょうか。

秋山　要するに鬼門と裏鬼門は、私たちが無意識的に寂しい場所にしてしまいやすい方角なんです。

布施 うちの場合は、確かに北東は寂しい場所が多いです。南西は元々明るいから寂しくなっていませんが。

秋山 南西って大体、倉庫になることが多いです。要するに、西日が家の中に入って来ると、植物などが枯れやすくなります。西日を住宅が嫌うという信仰があるので、西日の方は角になっていたり、壁になっていたりする場合が多いです。倉庫になっていたり、押し入れになっていたりします。当然、裏鬼門というのはそういうことがあって、不浄になりやすい。不用品が詰め込まれやすい。

表鬼門はやはり水場になっていたりとか、勝手口になったりしやすいんです。あるいはお手洗いとか。だから構造上どうするかという問題もあります。玄関とか勝手口とか、基本的に生活を不便にするのが一番よくないです。本末転倒になってしまいます。生活を楽しむためにパワースポット化しなければならないのに、**動線を妨害したり、何となく負担に感じたりする場所を祀ったりするべきではありません。**

つまり正確な鬼門、裏鬼門が祀りにくければ、普段家の人たちが一番よくいる居間の鬼門、裏鬼門でもいいんです。そこだけをやる。または庭など家の外側に土があれば、外に石の場所を設けることもできます。

布施 東北の庭に水を溜めるようになっている石を置いていますが、それはよかったんですね。時々、石に溜まった水を取り替えるようにはしていますが。

秋山 石を時々、濡らしてあげるといいんですよね。苔を落としてあげたりすると、なおいいです。

基本的に鬼門側というのは、青系統の石、青やグリーンの寒色系の石を置くといいです。裏鬼門側は暖色系の石がいいです。

鬼門を一番きれいにする石はやはり濃い青、ラピスラズリとかがいいです。裏鬼門側に向いている石というのは、オレンジとかピンクのブローチ、クォーツとか、あるいはオレンジ・カルサイトなどがお勧めです。

パワーストーンの神秘的な効用

秋山 そのほかに用途別の問題も考慮する必要があります。たとえばパワーストーンだと、その石がある種の用途に対してそれを霊的に補佐する性質があるからです。

布施 そのパワーストーンの用途は、一般に知られている効用を調べればいいわけですか。

秋山 いや、一般に知られている効用もバラバラで、あまり根拠がないのが実情です。西洋の迷信も多い。

布施 日本には当てはまらない可能性もある、と。

秋山 その可能性もあるし、意外と根拠がない場合もあります。そこで私たちも、長い年月をかけて調べてみたんです。いろいろな能力者の協力を得て、それぞれの鉱石にどのような秘められた力があるかを調べました。すると、おおよそ次のような力があることがわかったんです。

まずダイヤモンド。これを持っていると、「今が最高」という状態になります。ということは逆に、今が最高の状態では困るという人は身に付けないほうがいいわけです。ダイヤモンドはほかに感情を安定化させるという力もあります。

エメラルドはやる気が出てきます。積極的な性格になりたいときは身近に置くことをお勧めします。ルビーは愛情面でよい感情が出てくるようになりますし、ヒスイは運の運びがよくなり、人との和合心が出てきます。サファイアを持つと、強さや耐える力が出てきます。また他人の言葉を素直に聞けるようにもなります。

他人に良い印象を与えたり、他人に認められたいときは、アクアマリン。やる気も出てきます。会社で上司やほかの社員と衝突しているときに効力を発揮するでしょう。

ガーネットを持っていると、やっている活動が少しずつ好転していきます。アメジストは、思っていることが強く作用するため、なるべくいい感情でいるときに活用するといいでしょう。感情の増幅作用があるので、ハッピーなときにはよりハッピーになれます。メノウは人との和が広がり、友達が多くなります。友達ができにくい人にはピッタリの石です。

マイナスの影響を考慮しなければならない石もあります。たとえばオパールは運に波が出てくるため、どちらかというとマイナスに作用します。ただし、思いがけない事柄が飛び込んでくるという面白さはあります。コハクはものごとの伸びを止め、こだわりが出やすくなります。特に化石や骨が入っているものはマイナスに作用する傾向があります。

トルコ石は気持ちが変わりやすくなります。ですから心をがらっと切り替えたいときにはプラスに働きます。いつまでもグズグズと過去にこだわっている人が利用するといいでしょう。

これらの石は、持っているだけで役に立ちます。家の中に置いても、外に持ち歩いても、用途に応じて活用することをお勧めします。１０９ページの「パワーストーンの効用一覧」を参考にしてください。

ランは風水のバロメーターになる

布施 パワーストーンも用途に応じて部屋に飾ったり、身に付けたりすればいいわけですね。

ところで、うちにはたくさんの鉢植えがあるのですが、一九八〇年代に秋山さんがパワースポットの概念を初めて紹介した『霊術の教科書　超能力開発マニュアル』（朝日ソノラマ刊）には、植物の効用についても書かれていましたね。

秋山　あの本は、必死でやって一年がかりで作りました。実は菊池桃子さんがきっかけだったんです、あの本は。タレントの菊池桃子さんのラジオに呼ばれて行ったときに、そこに来ていた女性の放送作家さんと作ったんです。その人は後々、『フィリ（Fili）』という精神世界の雑誌の編集長になりました。今どうしているかな。

で、植物の効用についてですが、もちろん効用もありますが、面白いのは植物が風水のバロメーターになるということです。風水のバランスのいいところに咲くのは、やはりランなんです。家の中でランを育ててみればわかります。ランが育たない時というのは、それはもう何かが乱れています。

ランの栽培は難しいと言います。でも、うちの事務所ではほったらかしですが、青々と葉がいっぱい茂っています。お祝いでもらったランが二鉢、もう三期目ですからね。

布施　一期ももたないで枯らしてしまう人も多いですからね。

秋山　多いですね。当然今は、ラン用の液体肥料もあるから、育てるのは楽になりました。

布施　うちも二期目に突入するんですが、結構元気です。先日も見ていたら、枯れた葉を自

パワーストーンの効用一覧

ア行	アクアマリン　＝　他人に良い印象を与えたり、他人に認められたりする。やる気も出てくる。 アメジスト　＝　思っていることを強くする。感情を増幅させる。 エメラルド　＝　やる気が出てくる。 オパール　＝　運に波が出てくる。思いがけないことが飛び込んでくる。
カ行	ガーネット　＝　やっていることが少しずつよくなってくる。 コハク　＝　ものごとの伸び目を止め、こだわりが出やすくなる。
サ行	サファイア　＝　強さや耐える力が出てくる。他人の言葉を素直に聞けるようになる。
タ行	ダイヤモンド　＝　今が最高という状態になる。感情を安定化させる。 トルコ石　＝　気持ちが変わりやすくなる。心を切り替えることができる。
ハ行	ヒスイ　＝　運の運びがよくなり、人との和合心が出てくる。
マ行	メノウ　＝　人との和が広がり、友達が多くなる。
ラ行	ルビー　＝　愛情面でよい感情が出てくるようになる。

分でポトンと落とすから、何か会話しているような気持ちになります。

秋山 ランを見ていると、要らない葉がポトッと落ちるところなんか、面白いですよね。ランは要るものと要らないものがはっきりとわかる生き物なんです。あれだけ合理的な植物はほかにありません。かつ、ほかの植物が茂ったところの木の上に寄生するんです。ただし、寄生植物といっても乗っかるだけで木からは奪わないんです。木に生えた苔とかから水分を取ることによって生きているんです。

ランは、環境にはまるとドンドン増えていきます。ランはお勧めです。ランの中でもシンビジウムみたいなのは簡単です。ほったらかしておいても花を咲かせます。本当にマニアになると日本に自生する海老根ランとかを採りに行く境地になります。崖とかによじ登って採って来るとかね。

家の気をよくするには梅、サルビア、ラン

秋山 植物を育てるのが苦手という念力タイプの人は、梅がいいです。梅は強いです。とにかくすくすく育ちます。大きくなりすぎるので、逆に伐らなければならないほどです。

布施 「桜伐るバカ、梅伐らぬバカ」ですね。

秋山 だって梅は、冬でも雪融けの時にいきなり、葉っぱも出ていないのに木に花が咲くわ

けですからね。滅茶苦茶な植物です。**とにかく家の気を良くしようとしたら、梅、サルビア、ランです。**

サルビアはよく小さい鉢植えのものを売っています。ただサルビアはお店によっていいのと悪いのがはっきりしています。ドンドン増えるのと、すぐに葉欠けになって汚くなってしまうのとがあります。だからサルビアは高くてもいい苗を買うべきです。お花が豪華なものを選ぶべきです。八重もあるんですけど、八重のものは比較的弱いです。色違いのものも弱いです。真っ赤な花の大きい苗を買ってください。そういうサルビアの苗をたくさん買ってきて、ポコポコ穴を掘ってそこら中に植えてください。そうすると、本当に一年の三分の二は咲いていますから。

布施　赤だから南に植えればいいんですか。

秋山　基本的には南側です。それから、**鬼門、裏鬼門は梅が最高です。**

布施　裏鬼門に梅があり、その下に水を溜めておく石鉢があるのはどうでしょう。花が散ると、水面に浮かぶとか。

秋山　いいじゃないですか。石は鬼門封じにもなります。梅はもう大きくしたほうがいいです。香りは素晴らしいし、実もなるし、いいことだらけ。和室から梅を愛でるなんて最高です。なるべく見たい方向の枝を伐らずに、見たくない方向の枝は伐ってしまえばいいわけです。とにかく梅、サルビア、ランです。

植物に秘められた不思議な効用

布施 ほかの植物についてはどこに置けばいいんでしょうか。

秋山 植物をどこに置くかも非常に重要なポイントとなります。**植物に関して言えば、もう徹底的に東側に置くべきです。**西日を当ててはいけないという鉄則があるんですね。西日は植物を枯らすと昔から言われています。

布施 西日が好きな植物もいますよね。

秋山 いや、意外と少ない。でもお日様を当てないで育つ植物もいますから、一概には言えないかもしれませんが、それでも西日はあまりよくないです。まあ、東になるべく置くということですね。

布施 植物の種類にも、用途に応じた活用法というのがあるのでしょうか。

秋山 当然あります。これも他の能力者の協力を得ながら長い時間をかけて検証していったのですが、それぞれの花にはそれぞれの効能があるんですね。ただし、パワーストーンもそうですが、プラスとマイナスの効果がある植物も多くあります。だからそれらを意識的に庭に植えたり、室内に飾ったりする必要があるわけです。

そのとき気を付けなければならないのは、**庭に植物を植えるにしても、鉢植えの植物を育てるにしても、いつもいい感情で作業をすることです。**もし落ち込んでいたりイライラしていたりするなど悪い感情で作業をすると、せっかく植えた植物の効果がマイナスに働きかねないからです。

布施 なるほど。やはりここでもいい感情で作業することがポイントになるわけですね。それがすべての基本である、と。それでは、主な植物に秘められたパワーの具体例を教えてもらえますか。

秋山 まず、プラスとマイナスの両方のパワーを持つ植物から説明しましょう。たとえばチューリップは、他人から好意を持たれる、かわいがられるという効用があります。いつも愛想がないと言われる人にお勧めですね。その反面、愛情面でゴタゴタを起こしやすいというマイナスに働く場合もあります。だから寂しい気持ちでいる時には気をつけて、変な相手にひっかからないようにする必要があります。

ヒヤシンスは生命力や信念の強化に役立ちます。今一つやる気のない人にはピッタリの花です。マイナス面は他人に叩かれ、もまれる傾向が強まることでしょうか。大変な運命が待ち受けているわけですから、用心するに越したことはありません。

スイセンが身近にあると、自分の想念が通りやすくなります。テレパシー能力が強まるわけです。反面、自分の本当の姿に気が付かないまま自己陶酔しがちになるので注意が必要です。

マイナス面がほとんどなく、プラスの効果が強い植物もあります。デージーを持っていると、他人に好かれます。特に子供のいる家では大いに効果を発揮します。キンセンカには、ものごとに計画性が出てくるという効用があります。入って来るものを確実にものにしていくことができます。ですから、受験生、特に勉強に身の入らない受験生がいる家庭にはもってこいの花です。

シクラメンがあれば、他人の言葉を素直に聞けるようになり、感謝する心が生まれてきます。また他人に感謝されやすくもなります。カーネーションも感謝する心が出てきますが、愚痴をこぼさずやっていけるという意味にもなります。母の日にカーネーションを贈るのも、「これからも愚痴をこぼさずにお願いします」という気持ちが籠っていることになりますね。

逆にマイナス面が強く出る植物もあります。たとえば、アネモネを持っていると寂しくなります。誰かを当てにしているが、それが得られないという状態を作り出します。クロッカスは親子間で背中合わせの状態にさせます。寂しく、目上の人に認められない状態。だから親子の仲が良くない家ではクロッカスは厳禁です。

スミレがあると、陰にこもり、あるいは影になり、なかなか認められない状態になります。ピクニックに行ってスミレを摘んで持ち帰ると、運気が悪くなる可能性があります。ユリは持っている人の我を強くし、すぐに他人のことをあれこれと思うようにさせます。自分のことは差し置いて、他人はどうのこうのと言うようになります。

これらの植物とは別に、霊的な力を強くする花もあります。たとえばカンナには、仏陀の血から生じたという伝説があるくらいですから、かなり霊的な力があります。具体的にはやる気を出させる力があるので、ものごとに情熱が湧いてきます。クロユリは呪いの花とも言われ、マイナスの意味が特に強いです。殺してやりたいという気持ちを増幅させる可能性もあります。ただし恋人に自分の心を理解させて結ばれたいと思うときにプレゼントする手はあります。その場合でも、結ばれた後で、二人で海か川に行って流してしまうのがいいでしょう。

アスターは念力を強化します。古来、占いにもよく使われており、生か死かというときに持っていると、効力を発揮する場合もあります。バラも霊的に強い作用があり、西洋では土地の浄化にバラの切り花を使うことがあります。ただし東洋人の霊質にはあまり向いていない感じがします。

日本人にとって霊的に最も強く働くのは、キクです。一般に外部から来るものごとを無にする作用が強く、訪問先にキクがある場合は自分の気持ちが通らなくなります。

ほかにもたくさん植物の効用はあるのですが、それらは118～121ページに一覧表にしたので、参考にしてください。

大雑把にまとめると、庭には梅、洋ラン、サルビア、スイセンなどがあれば素晴らしいでしょう。観葉植物は、シダ類を除けば、家の中の他の花の効用を増幅する作用があります。シダ類は不満をため込みやすくする力がありますから、避けたほうがいいでしょう。

方位別に植物や石を置く方法

秋山 植物には、こうした固有の性質のほかに、その方位に合った性質もあります。
布施 植物をどの方位に置くとより効果を発揮するようになる、という法則があるのですか。
秋山 そうです。方位には形や色があることは既に説明しましたが、植物の形や色で方位を定めてそこに置くと、より効果を上げることができるわけです。そうすれば家の中のその方位も強まるし、植物も元気になります。植物だけでなく、石にも適した方位というのがあるんです。
布施 では、方位別に石と植物はそれぞれどのような種類のものを置けばいいのでしょうか。
秋山 まず「**北**」は、易で言う「坎（かん）」というチャンネルです。この方位を強めるのに適しているのは、黒い石です。色が優先されます。だからテクタイトなんかがいいです。テクタイトはオブシディアン（黒曜石）の一種です。オブシディアンにも、光の当たり具合によって金色に光るゴールデン・オブシディアン、雪が降ったように白い点のあるスノー・オブシディアンなどがありますが、そのオブシディアンの中でも、隕石がぶつかったときにできたとされるのがテクタイトです。これらの石が北の石です。

北海道の神居古潭（かむいこたん）（旭川市西部にある石狩川上流の渓谷）で採れるカムイコタン石も北の石です。角度によってナスのような紺色に光る、特殊な黒い石です。

黒い植物はなかなかありませんが、基本的には野菜類でいえばやはりナスです。ナスは非常に強い植物で、一本植えるとほかの植物を枯らしてしまうと言われています。それだけエネルギーが強いわけです。ほかには濃い色の植物がいいのですが、あまり多くはありません。そこで、北は滝や水を表しますから、滝の形のように下向きに花が咲く植物がいいでしょう。だからユリ系統の花が北の植物です。野草でいえば、ホタルブクロ（蛍袋）があります。

次に「**北東**」ですが、この方角を強めるのは藍色です。代表的な石は、ソーダライト、アジュライト、ラピスラズリなど、濃い青い色の石です。

濃い青の花は数少ないのですが、野草ではキキョウ、リンドウがあります。淡い藍色の

植物のスピリチュアルな効用一覧

▲はプラスの効用が出やすい植物、▼はマイナスの効用が出やすい植物、
■はプラスもマイナスの効用もある植物

ア行	▼アイリス：女性上位になる。母親に認められなくなる。 ▼アザミ：イライラして不安定になりやすくなる。 ■アジサイ：やっているものごとが良くなってくる反面、目標が変化しやすくなる。 ▲アスター：念力が強まる。 ▼アネモネ：寂しくなる。 ▼アヤメ：心の中の不満をため込みやすくなる。 ▲梅：人の縁を呼ぶ。 ▼エニシダ：やっても、やってもうまく行かなくなる。 ▼エリカ：やっても、やってもうまく行かず、あきらめやすくなる。 ▼オダマキ：不義の心が出る。裏でアレコレ考えて、結局うまくいかなくなる。
カ行	▲カーネーション：感謝する心が出る。愚痴をこぼさずにやっていける。 ▲ガーベラ：霊的に質の悪いエネルギーを消す。 ▲カトレア：運気が上昇する。 ▲カンナ：やる気が出てくる。ものごとに情熱が湧いてくる。 ■キキョウ：信念が強くなる反面、縁の下の力持ちとなり表に出られなくなる。 ▲菊：霊的に最も強く作用し、外部から来るものごとを無にする。 ▲ギボシ：霊的な力が強く、霊魂の浄化に役立つ。 ▲キンセンカ：物事に計画性が出てくる。入って来るものを確実なものにしていく。 ▲グラジオラス：気持ちが切り替わる。先が明るく、楽しくなる。 ▲クレマチス：心に重心を置いてものごとを考えることができるようになる。 ▼クロッカス：親子の仲が悪くなる。目上の人に認められなくなる。

カ行	▼ クローバー：寂しくなる。女性に恵まれなくなる。 ▲ 月桂樹：伸び芽が出てくる。やっているものがよくなってくる。
サ行	▲ 桜：神的権力を刺激する。 ■ サクラソウ：四〇代過ぎの人には活気がでる。 ▲ サフラン：物事が切り替わってよくなる。 ▲ サルビア：生命力の強化。安心する。 ▲ ジギタリス：物事のこだわりから解放される。 ▲ シクラメン：他人の言葉を素直に聞ける。感謝する心が出る。また、他人に感謝される。 ▲ シネラリア：気持ちが切り替わり楽しくなる。 ▼ シャクナゲ：ハラハラドキドキすることが多くなる。 ▲ スイートピー：女性に好かれる。男性は愛情面で恵まれる。 ▲ ストレリチア：他人に認められる。受け入れられる。 ■ スイセン：自分の想念が通りやすくなり、テレパシー能力が強まる反面、自己陶酔しやすくなる。 ▲ スイレン：霊的作用が強く、瞑想がしやすくなる。 ■ スズラン：愛情面で人を思う心が出てくる反面、好きになった人に振り回されやすくなる。 ■ スノードロップ：現在取りかかっていることが段々よくなる反面、焦りが出やすくなる。 ▼ スミレ：陰に籠るようになる。影になり、なかなか認められなくなる。 ▲ ゼニアオイ：細やかに気を使うことができるようになる。 ▲ ゼラニウム：和が広がる。 ▲ セントポーリア：楽しくなる。
タ行	▲ タチアオイ：人の縁を呼び、人間関係の浄化に役立つ。 ▼ ダリア：心がすぐに萎えてしまい、楽しくなれなくなる。 ■ タンポポ：やっていることが楽になる反面、真面目に取り組むべきところも遊びになってしまう。

タ行	■ チューリップ：他人から好意を持たれるようになる反面，愛情面でゴタゴタが起きやすくなる。 ▲ ツツジ：やっていることが後で実ってくる。 ▼ 椿：女性上位になる。いつも女性に気兼ねする。 ▲ デージー：他人に好かれる。
ナ行	▲ ナデシコ：人を立て、人を思い、人の中で楽しく生きようとする心が出る。 ■ ニオイアラセイトウ：信念が出てくる反面、頑固になる。
ハ行	▲ ハイビスカス：今やっていることが切り替わってよくなる。 ▲ 萩：一歩前進できる。 ▼ ハマナス：寂しい気持ちが出やすくなる。 ▲ バラ：霊的に強い作用がある。 ■ パンジー：静かで穏やかな気持ちになる反面、他人に頼るようになる。 ▼ ヒナゲシ：女性上位になる。愛情面で冷たい気持ちが出やすくなる。 ■ ヒマワリ：念力や行動力が強化される反面、女性は感情が乱れやすくなる。 ▲ ヒャクニチソウ：生命力が強まる。 ■ ヒヤシンス：生命力や信念は強化される反面、他人からバッシングを受けやすくなる。 ▼ フウリンソウ：心が揺れ動いて決心がつきづらくなる。ハラハラしやすくなる。 ▲ フクジュソウ：伸び芽が出る。やっていることが面白くなってくる。 ▲ ブーゲンビリア：夢を描きやすくなる。未来に対して希望が出てくる。 ▲ フリージア：楽天主義的になる。 ▼ ホウセンカ：他人に理解されたくなる。他人を当てにするようになる。

ハ行	▼ ボケ：他人の言葉にとらわれ過ぎ、あれこれ考えてしまう。 ▼ ボタン：今が最高で、後は伸びなくなる。
マ行	▲ マツバボタン：楽しくやっていく気持ちのゆとりが出る。 ▼ ミヤコワスレ：他人とうまく行かなくなる。 ▲ ムクゲ：一歩前進。楽しみなことが出てくる。 ▲ モミジアオイ：人間関係がスムーズに運びやすくなる。
ヤ行	■ ヤグルマソウ：身の回りのことを他人が世話してくれる反面、わがままになりやすくなる。 ▲ ヤマブキ：テレパシー受信能力が強まる。霊の影響を受けやすくなる。 ▼ ユリ：我が強くなる。
ラ行	▲ リンドウ：こだわりや不満が取れる。 ■ レンゲソウ：今はよくないが、後で少しずつ良くなる半面、のんびりしてしまい、やるべきことができなくなる。
ワ行	▼ ワスレナグサ：こだわりから抜け出せなくなる。愛情面で寂しくなる。

アヤメもいいです。洋花では八重では強すぎるので、花弁が一重のものがいいです。

「**東**」を表すのは、青とか緑です。だから緑の観葉植物はすべてOKです。つるで伸びるものがいいです。ポトスとかね。緑を楽しんでください。綺麗な青であったり、緑色の花が咲いたりする花もいいです。

　石であれば、やはりヒスイです。ヒスイといっても色々な色がありますから、緑や青のヒスイを選んでください。アベンチュリー、緑色のフクサイト、エメラルド、青いトルマリンのパライバトルマリン、緑色のペリドットなどの石もあります。

「**東南**」は、紫色の石です。有名なのは紫色のチャロアイトや紫色のスギライト。そうした紫の石の中でもアメジストは一番作用が強いです。アメジストに関して気を付けなければならないのは、自由を求める気持ちが強くなりすぎて、あるいは霊的なエネルギーが軽くなりすぎて、「俄（にわか）霊能者」になってしまうことです。アメジストを持っていると、魂が浮きすぎてしまうのですね。過敏な人はアメジストは避けたほうがいいです。

　紫色の植物はたくさんあります。藤がその代表ですね。アイリス、アジサイなど紫色の花ならなんでもいいです。

「**南**」は赤。石でいうと代表格はルビーです。赤いコランダム。赤色のスピネル、ロードクロサイト、インカローズなども赤い石に入ります。

植物では赤い花。代表格はサルビア、バラ、椿、レッドダリアなどです。ただ植物の場合は、神事に用いるような花は家の中ではきつい。かなり強烈です。外にあってよい植物と、家に持ち帰ってよい植物があります。愛でるためにどこかに集中的に植えてよいものと、家の中にあまり入れるとかえって乱れる植物があります。南の植物では、バラと椿は強い花なので、外に置いたほうがいいです。あるいは切り花にして家の中に飾るか、です。

「**南西**」はピンクとかオレンジの石です。ローズクォーツ、オレンジ・カルサイト、金色っぽいゴールデン・カルサイト、赤オレンジのメノウ、オレンジクォーツなどのパワーストーンがあります。

植物は淡いピンクとかオレンジの花です。マリーゴールドとかキク科の花はこの色が多いです。気を付けなければならないのは、キク科の花は強いことです。特に八重のキク科の花は霊的な作用が強くなります。だから霊を呼んだり留めたりする力もあります。霊的に過敏な人は、バラや椿の場合と同様に調整する必要があります。

「**西**」はキラキラしたものです。明度の高い、クリアー度の高い、光の反射度の高い水晶などがお勧めです。ダイヤモンドもいいでしょう。あとは、白っぽい石でホワイト・カルセドニー。キラキラ光るルチルクォーツ、ゴールデン・ルチルクォーツ、シルバー・ルチルクォーツなどもあります。

植物では白っぽい花です。ユリ以外の白っぽい花。上向きに咲く白い花。たくさんありますね。クチナシ、クレマチス、オオデマリなどでしょうか。ただし植物の場合、西は難しいです。西日が当たると枯れたりします。西に置くなら強い植物がいい。コデマリのように小さな花が咲く植物もお勧めです。西の色は金でもありますから、樹木だったらキンモクセイが西の植物の代表格でしょうね。

「**西北**」はグレー。石ではエンジェライト、グレーの色をしたメノウなどがあります。花だとグレーは少ないです。植物系では色が少ないときは、「北」の場合と同じように形を優先します。西北の形は丸です。だから丸い木の実が生る植物を置きます。中国では昔から瓜を置きました。丸い木の実が木の上に生るものを選びます。リンゴなんかがそうです。大きな丸いものとして、スイカやカボチャもいいでしょう。

これらの方位別の鉱物や植物を一覧表にまとめたので参考にしてください（126〜127ページの「方位別パワーを強めるアイテム」）。

神様にも置くべき方位がある

布施　それぞれの方角に適した鉱物や植物の種類があることはわかりましたが、七福神とか神様も置く方位があるのですか。

秋山 あります。

布施 大黒様は黒だから北、だとか？

秋山 ええ。大黒様は北です。でも北は水のチャンネルだから、水に深い関係のある場所に祀られる弁財天も北なんですよ。

布施 弁財天も？　同じ方角に二柱の神様が同居しているのですか。

秋山 本来、大黒様と弁財天様と鍾馗（しょうき）様（毘沙門天説もあり）の三人の顔を一体化したものを祀ることが多いのです。俗に言う三面大黒天です。鍾馗様がくっついているのは、元々大黒様が軍神だったからだと思うのですが、少なくとも大黒様と弁財天様は同じ北のチャンネルなのです。

布施 ほかの神様はどの方角ですか。

秋山 「北東」は山ですから、動かない神様を祀ります。不動の神。だから不動尊です。あと山の女神も北東です。コノハナノサクヤヒメ（木花咲耶姫）やシラヤマヒメノカミ（白山比咩神）で知られるククリヒメ（菊理媛）が山の女神です。ほかにウシトラノコンジン（艮の金神）も文字通り北東の神ですね。
「東」は、植物に関係する育稲の神様とかです。食物・穀物を司るトヨウケノカミ（豊受神）や穀物神であるウカノミタマノカミ（宇迦之御魂神）などがそうです。

方位別パワーを強めるアイテム一覧表

北	黒い石［黒曜石（テクタイト）、カムイコタン石］ 黒い植物［ナス］ 下向きに花が咲く植物［ユリ、ホタルブクロ］ 大黒、水の神［弁財天］
北東	藍色の石［ソーダライト、アジュライト、ラピスラズリ］ 藍色の植物［キキョウ、リンドウ、淡い藍色のアヤメ］ (洋花の場合は、花弁が一重のもの) 不動尊、山の女神［コノハナノサクヤヒメ（木花咲耶姫）、シラヤマヒメノカミ（白山比咩神）で知られるククリヒメ（菊理媛）］、ウシトラノコンジン（艮の金神）
東	青や緑色の石［ヒスイ、パライバトルマリン、アベンチュリー、ペリドット、フクサイト、エメラルド］ つるで伸びる植物［ポトスなど］ きれいな青や緑色の花が咲く植物 植物に関係する神様［トヨウケノカミ（豊受神）、ウカノミタマノカミ（宇迦之御魂神）］
東南	紫色の石［チャロアイト、スギライト、アメジスト（作用が強いので注意）］ 紫色の植物［藤、アイリス、アジサイなど］ サシスセソの音が入った神様［スサノオノミコト（須佐之男命）］、風の神
南	赤い石［スピネル、コランダム、ロードクロサイト、インカローズ］ 赤い花［サルビア、バラ（戸外植え、室内では切花）、椿（戸外植え、室内では切花）、レッドダリアなど］ 火の神［ホホデミノミコト（火火出見尊）、ホスソリノミコト（火闌降命）、ホアカリノミコト（火明命）］

南西	ピンクやオレンジ色の石［ローズクォーツ、オレンジカルサイト、ゴールデンカルサイト、メノウ、オレンジクォーツ］ 淡いピンクやオレンジ色の花［マリーゴールド、キク科のものは八重咲きではないもの（戸外植え、室内は切花）］ 母性の神、大地の神、地母神［イザナミ（伊邪那美）］
西	きらきらした石［明度の高い水晶、ダイヤモンド、ホワイトカルセドニー、ゴールデン・ルチルクォーツ、シルバー・ルチルクォーツ］ ユリ以外の白っぽい植物、上向きに咲く白い花、西日に強い植物［クチナシ、クレマチス、オオデマリ、コデマリ、キンモクセイ］ 金属の神［オモイカネノカミ（思金神）、カナヤコカミ（金屋子神）］、情報に関係する神［シオツチノカミ（塩椎神）］、恵比須
西北	グレーの石［エンジェライト、メノウ］ 丸い木の実がなる植物［ウリ、リンゴ、スイカ、かぼちゃ］ 大柄で父性的な神［布袋、イザナギ（伊弉諾）］、宇宙神［アメノミナカヌシノカミ（天之御中主神）］

（注：南北を先にする表し方だと「南東」「北西」とするのが慣例だが、あえて時計回りの順番で方位を表した）

「東南」は、スサノオノミコト（須佐之男命）のようにサシスセソにかかわる神様とか、風の神様です。

布施　サシスセソ？

秋山　つまり風の音、スーとか、サーとか、シーッとか、ソヨソヨとか、空気が漏れたり風が渡ったりそよいだりするときの音がサシスセソなんです。あとは風神とされる神。

「南」は火の神様ですから、ホホデミノミコト（火火出見尊）、ホスソリノミコト（火闌降命）、ホアカリノミコト（火明命）などが挙げられます。炎に関する神はたくさんいます。

「南西」は受容、母性の神様。大地の神、地母神です。国生み神話に出てくるイザナミ（伊邪那美）も地母神と言えると思います。

「西」は基本的には金属の神様です。オモイカネノカミ（思金神）とか、カナヤコカミ（金屋子神）がそうです。また情報に関係する神様もこの方角です。兄の釣針を無くした山幸彦や、東征の際の神武に海に関する知恵や土地の情報をもたらしたシオツチノカミ（塩椎神）を情報の神とみることができます。

恵比須様も西の方角の神様です。

布施　恵比須様はなぜ西なのですか？

秋山　蛭子（ひるこ）だからです。蛭の子供で形が唇のように三日月形です。元々は不具の子に生まれたため海に流されてしまった神ですが、漂着物を恵比須様として信仰するところが多く、流れ着いた蛭子と恵比須様が同一視されるようになったとされています。蛭子と書いて「エビス」と読ませるぐらいですから。でも、恵比須様の笑顔の口のところが三日月形なので同一視されたとも考えられます。

布施 布袋様はどこなのですか。

秋山 布袋様とか太っている神様は残りの西北です。西北は宇宙神。アメノミナカヌシノカミ（天之御中主神）のように大柄な父性的な神様はみな西北です。イザナギもこの方角です。

布施 こうした神様をそれぞれの方角に祀ると、その方角が強くなるわけですね。

秋山 そうです。植物、石、神様などそれぞれに合った方角があります。126〜127ページの「方位別パワーを強めるアイテム」の一覧表を参考にして、それらを組み合わせて自分流にアレンジしてみてください。

絵画、掛け軸はトリップするための道具

布施 ほかに風水初級者としてどんな点に注意すればいいですか。

秋山 どういうキャラクターで、どういう絵を飾るか、でしょうか。飾る絵を季節ごとに取

り替えるといいです。用途別に絵に描かれているシンボルを取り替えたりすることも大切です。

布施 かけっぱなしではいけないのですか。季節や用途に応じて取り替える必要がある、と。

秋山 それは日本の伝統文化でもあるんです。季節ごとに取り替える。というのも、絵っていうのは、そこにフライトする、心をそこにフライトさせるものなんですね。たとえば、**山水の掛け軸を飾るというのはやはり、幽玄な山水に心をトリップさせるための道具なんです。**すべての壁に奥行きを感じられるようにするのが掛け軸や絵です。

私たちの脳というのは、鮮明にイメージした光景と現実の光景とをほとんど区別していないんです。だから酸っぱいものをイメージすると、よだれが出てきたりするわけです。やはりいいイメージ、自分に合ったイメージ、今を充実させるイメージの絵を常に置いておくといいです。

特に掛け軸なんかは季節に応じてたたんでおける絵ですよね。もちろん普通の小さな絵画でもいいです。今は昔と比べて家が狭いですから、西洋絵画を壁に掛けるとしても、やはり小さい絵画にすべきです。小さい絵をたくさん配置したほうが、風水的には、家のパワースポット化としてはいいのではないかと思います。狭い家にわざわざ大きな絵画を飾るのではなく、小ぶりな絵をいろいろ飾るべきです。

布施　奥行きを感じられるような絵を置けばいいのですね。こういう絵でないといけないということはないわけですね。

秋山　ええ。自分に合ったイメージの絵であれば、それでいいです。

八方位すべてに鏡を配置するとよい

秋山　それから、昔からよく合わせ鏡、つまり鏡が向かい合っていると風水的によくないと言う人も多いのですが、そんなことはありません。八方位すべてに置くといいです。鏡はあればあるほどいい。

布施　合わせ鏡にすると、お化けが出て来るとかいう話を聞いたことがありますが、そんなことはないんですね。

秋山　確かに鏡は、合わせ鏡にするとパワーを家に引き込むという傾向があります。でも逆に言うと、家を究極のパワースポットにするためには、小さな鏡でいいから八方向に鏡を設けることです。つまり**八枚の合わせ鏡にするんです。そうすると、逆に悪いものが入って来なくなります。**

坎（かん）、艮（こん）、震（しん）、巽（そん）、離（り）、坤（こん）、兌（だ）、乾（けん）という、易でいう八つの方角に全部小さな鏡を一つずつ置くんです。全部合わせ鏡にします。

これには二つのポイントがあります。一つは八つの合わせ鏡にすることによって本当に守られることです。昔から中国では八角鏡といって八角形の鏡があるんですが、あれは、本当は八つの合わせ鏡のことなんです。それがいつの間にか迷信になってしまって、一枚の鏡に省略されたのです。

もう一つのポイントは、鏡がいろいろな場所にあるということは自分を律するのにいいということです。自分の髪形、自分の服装、自分の目つき、自分の顔つき、自分の体型。それらをしょっちゅうチェックしてフィードバックしていると、心理的にも若いままでいられます。それにオシャレになれますね。

布施 モデルさんとか女優さんは家の中にたくさん鏡があると聞いたことがあります。だから若いままでいられるわけですか。

秋山 そうそう。だから私は八つの合わせ鏡はいいですよ、と言っています。中途半端な二枚の合わせ鏡はかえって邪気が溜まるんですけど、八方位に全部鏡を置けば、まったく逆に働きます。非常にいいほうに働きます。

布施 そもそも、なぜ、合わせ鏡が二つだと邪気が溜まるのですか。

秋山 昔から二枚の合わせ鏡は、霊的な世界との接点を作ると言われているからです。皆がそう思い続けたからそうなったのかもしれませんが、体験的にもその通りでした。基本的には、鏡は三枚以上がいいです。昔、三面鏡というのもありましたけどね。

布施 ありましたね。三面鏡を見ていると、奥の方から変なものがやって来るとか、今で言う都市伝説なんかもありました。

秋山 ありましたね。でも基本的には二枚の合わせ鏡だけ避ければ大丈夫です。たとえば西洋では、二枚の合わせ鏡の間で悪魔との契約書を書く、鏡を見ながら左右反転させて書く、つまり鏡文字で書くという話が伝わっています。すると、本当に悪魔が出てくる、という話です。

布施 それは、どの本に書かれているんですか。

秋山 そこら中の伝説にそういう話が出てきます。ただ鏡文字で綴るという発想は、一四〜一五世紀の科学者が元々弾圧を恐れて考案したとされています。

布施 レオナルド・ダ・ヴィンチが鏡文字を使っていたのは有名ですね。

秋山 ですから最初は一般の迷信であった可能性もあります。でも合わせ鏡は怖がられる傾向があったのは事実です。

布施 長年怖がられたということは、実際に怖いものが出てくることになったとも考えられるわけですね。

秋山 それでも、鏡はあればあるほどいい。風水には迷信がたくさんあって、鏡を嫌がる人はいます。でも伸びる人の家を見ると、鏡をたくさん置いていています。鏡を怖がるということは、つまりは自分を怖がっていることになります。自分を怖がってどうするんだ、という話です。そんな人が伸びるわけがありません。

時計はコミュニケーション円滑化の道具

秋山 ほかに考慮しなければならないのは、やはり時計の位置ですね。

布施 時計はなぜ大事なんですか。

秋山 時計がある意味って、自分の事ではないんですね。人との約束のためにあるんです。時は約束です。ですから人との約束に意識を使うという前向きな心構えが出てきます。

人との交流が苦手だという人は、あえて時計をきちんと置く場所からやらないと、人とのコミュニケーションが進まないということはあります。時計は人との約束とかコミュニケーションを円滑化させる道具なのです。時計は自分のためのものでなく、他人のためのものです。

布施 その時計をどこに置けばいいのですか。

秋山 時計は、私は北から東にかけて設置します。

布施 それはどうしてですか。何か理由はあるんですか。

秋山 鬼門には基軸的なものを置くといいからです。実は、一番いい場所は易でいう乾（天）で、北西だと言われています。ただしそれは円い時計の場合のみです。44ページの図表（「方位と形、色、数字、シンボルの関係」）で示したように、北西の形は丸がシンボルだからです。

布施 なるほど。では、北西に円い時計を置いて、北東側に別の形の時計を置いたりするのもいいわけですね。

秋山 いいです。

布施 北東側に置くのは、どのような形の時計でもいいのですか。

秋山 なんでもいいです。ただ時計で一番いいのは、単に円い時計で、数字が記されていないポッチ（小さい点）だけのものです。なぜならば、きちんと数字をイメージする力がつくからです。つまり置いておくだけで、ただでさえイメージトレーニングになるわけです。時計板に数字が書いてあるだけで、イメージを固定してしまうんですね。算用数字でもギリシャ数字でも同じです。ポッチだけの時計のほうが、やはりいいですね。時をより深く意識することができます。

だけどまあ、時計が重いという人もいます。時間に縛られたくない、とか。でも別に、時間は人間を縛る縄ではありません。

布施　そういえばイギリスのストーンヘンジもそうですが、古代巨石文明の跡には必ず巨石を使った暦とか日時計のようなものが置かれていますね。時間は縛るものではなく、便利なものだった。

秋山　ええ。だから実際は、時間に縛られない時代のほうが大変だったのです。ものごとがいつ終わるか、いつ始めなければならないか、人といつどこで待ち合わせをしたらいいか、といったことがわからなくて困るわけですよ。古代の人は、星と太陽と月が表す、すごくアバウトな時間の中に生きていたわけです。

今のところ人間は不老不死ではありませんから、死という時間は決まっています。そこまでを効率的に使おうとしたら、やはり時計があったほうが絶対便利です。

○

鉱物から始まって、植物、絵画、掛け軸、時計、鏡まで、空間を浄化して自宅をパワースポットにするための様々なアイテムを紹介してきた。それらのアイテムを方角との相性を見極めながら、上手に配置していけばよいのである。

と、ここまでは初級編である。次は中級編として自分の体質や八卦に合わせたパワースポットの作り方について秋山氏に語ってもらおう。

中級・実例編

〔第五章〕八卦とパワースポットの関係

体質と八卦に合わせた風水を

布施 風水で家をパワースポット化するための、中級編では何をするといいのでしょうか。

秋山 今度は個人個人の各体質に沿った、もっと細かいものがあるわけですね。自分の部屋、寝る場所とか居間。それぞれの体質別に補強しなければならない側面があるのです。元々家の形が、どこが欠け込んでいるのか。欠けこんでいる所は補わなければいけないわけですよ。また、個々の体質によって八卦相対がありますから、今度はそれを調べなければいけないわけです。

布施 結構細かい作業ですね。個々の体質というのは、前に秋山さんが話していた易の八方位の性質でみるとよいのでしょうか。

秋山 そうですね。その性質でみたあと、今度は自分が伸ばしたい能力の八卦相対もあるわけです。鬼門、裏鬼門をきれいにした後、まず自分の体質上、弱いところをきれいにして、かつ、伸ばしたい能力を伸ばすというのが、中級、上級でしょうね。

布施 話は変わりますが、易で二〇一三年は山の年、八卦で言うと「艮（こん）」の年だったと以前秋山さんは話されていましたが、各年のことを易で出すには、どんな計算をするのですか。

秋山 年番を出すのだけは、霊感でしかないんです。時流を読むしかないんです。

布施　そうですか。なかなか奥深くて、難しいことなのですね。

秋山　毎年一一月ごろになると、ようやく翌年がどのような易の年になるかわかってくるんです。二〇一四年は沢、「兌」の年です。たとえば、入り江があったり、湖があったりするところは、いろいろなことが起こるでしょうね。

布施　良くも悪くも、起こるということですか。

秋山　ええ。「兌」はコミュニケーションにも関わることなので、コンピューター業界にもIT業界にも震撼が走ると……。「兌」の人は結構忙しくなると思います。

布施　何か起こるとき、新しい物事や人物と出会うとき、いちばん初めにいいイメージをもって出会うといいと、話されていましたが。

秋山　そう。まず面白がろうとすることです。いちばん最初に出会うとき、そのことを楽しもうとすることが大事です。とにかく楽しんじゃう、楽しもうとすること。好奇心から入って、好奇心を十分に味わって、それから法則性を見出していく。そういうのが、いちばんいい生き方だと思います。

布施　家に絵や掛け軸を飾る場合、たとえば山なら易でいう山の方位に飾るとか、額をその方位にあった色にするとか、いろいろ考えながら、とにかく楽しんでやる必要があるわけですね。良い気持ちで楽しくやらないといけないわけだ。

秋山 今の時代、日本人は忘れてしまっているけど、昔はそういう楽しみ方を知っていたんです。風流でしょう。それでも骨董業界には長く伝わってきてはいるんですけどね。

陶器選びと盛り付けはミニ風水

秋山 あと、もう一つ家のパワースポット化で考えなければならないのは、器なんです。第一章でも説明しましたが、陶器は各地のパワースポットの土で作るわけです。九谷焼も伊万里焼も信楽焼も、独特のパワースポットの土でできています。用途別にそれぞれの器に必要なものを盛るわけです。これはもうミニ風水なんです。食事というのは、日本の文化においてはミニ風水です。食器はプラスチックパッケージだけでいいんだ、というのは、もうその文化を忘れてしまったわけです。

本来、器というのは、各家庭で風水の価値観を忘れないための練習をする道具だったのです。そこに食べ物を乗せて食べるわけですから、とても重要な行為です。中国などでは並べ方じたいに非常にうるさいのですが、基本的には素材なんです。

布施 便利だからと言って、プラスチックの食器を使って簡素にしてしまったことにより、食事はつまらないものになってしまった、ということですね。

秋山 そうです。だからこそ、器は非常に重要なのです。古典的な器の柄というのは、非常にパワースポット的なんです。伊万里焼なんかは、ものすごくたくさんの象徴が描き込まれています。

布施 なるほど。確かに今日は疲れたとかいった場合に、元気が出るようなシンボルが描かれた器を選んだり、特定の土で作られた陶器を使ったりすればいいわけですか。奥が深いですね。

秋山 基本的に丸い器が多いわけですよ。で、やはり宇宙のパワーを入れています。

布施 宇宙のパワー!? 渦巻き模様とか?

秋山 易で天は丸なのです。

布施 ああ、そうでしたね。丸は天、すなわち宇宙につながるわけですね。

二つのエネルギーのバランスを取れ

布施 丸のほかに、渦巻きもパワーを取り込むシンボルということでしたね。あれは右回転と左回転では効用が違うと聞きましたが。

秋山 あれも時代と文化によって違うのです。上から見るか、下から見るかでも違いますから。そこは難しいのですが、基本的には時計回りはパワーを宿らせるんです。反時計回りは、パワーを発散させます。

布施 それすらも、上から見るか、下から見るかによって違ってくるわけですか。

秋山 基本的には、イメージの問題ですから、自分から見てどっち回りか、でしょう。

布施 巨石に刻まれた渦巻きも巨石の反対側に回り込めば、意味が違ってくると言えそうですね。

秋山 基本的には時計回りがパワーを宿しますが、トリッキーで面白い話があります。中国気功では、左回り、右回りも時代によって変わってきて、今は逆になっていると聞きました。反時計回りが気を鍛えるということに現在はなっているんです。これも本当は逆ですよね。日本の古典文化では必ず時計回りです。

でも、中国気功はひょっとすると、外国人には逆を教えて、自分たちはこっそりと本筋をやっている可能性はあります(笑)。または、下々の一般大衆には逆を教えて、権力者だけはきちんとやっているという可能性もあります。

布施 それに関連するのですが、大地の陽と陰のエネルギーのそれぞれの働きはなんでしょうか。

秋山 **人間の体に動脈と静脈があるように、大地にも陽と陰のエネルギーが流れています。陽のエネルギーはすべてを活発化させます。陰のエネルギーは鎮める、落ち着かせるという働きがあります。**

布施　すると陽と陰のエネルギーをくっつけると、何が起きるのですか。

秋山　**二つのエネルギーをくっつけると、バランスがわかるのです。**つまり、私たちが外で生命活動をします。そうすると必ず私たちは二元論にまみれてしまいますから、どちらかの極に振れてしまいます。バランスが偏るんです。で、振れることが定常的になると、わからなくなります。それで体のバランスが歪みます。

パワースポット化には三段階がある

秋山　ここは重要なポイントですが、家をバランスの取れている状態にすれば、その人は家に帰ることで元に戻るわけです。それによってリフレッシュして、陰と陽をきちんと感じられるようにしなければならないのです。

たとえば、職場に行く、カリカリした上司が前に座っている、イライラする。そういう場合には、リラックスするコーディネイトをしなければならないですよね。リラックスする瞑想をしなければいけません。逆にドローンとした暗い職場で、誰も口を利かないという場合には、自分を活性化することをやらなければならないんです。

いずれにしろ、その価値観がわかるためには、普段はニュートラルの状態を知らなければなりません。ですから、プライベートな日常をニュートラルにしなければならないのです。たとえば伊勢神宮は、構造をいろいろ調べていくと、伊勢の奥の院というのはニュートラルとは何かを徹底的に研究した場づくりをしています。

布施 伊勢神宮の奥の院がニュートラルとはどういうことですか。

秋山 くせがないということです。「ゼロ」を配置しているような感じです。白い石が一面に敷いてあったりしてね。偏りを排除しています。

たとえば水晶だって、皆さん天然結晶の柱の状態で持っていますが、あれは活性化させすぎるんです。水晶なんかは加工したもののほうがバランスは取れているんですね。研磨されて磨かれているほうが、水晶は楽です。だから柱の状態で持つ人には、エキセントリックな人が多いですよね。

布施 すると、風水や易で大切なのは、バランスということですか。

秋山 もちろんそうです。でもその前に、鬼門、裏鬼門をとにかくパワー・テンプルにすることです。パワー・テンプルというのは私の造語なのですが、マイ・テンプルをさらにパワフルにしたのがパワー・テンプルで、それを自分の家に作ることです。そこからが始まりだと思います。その次に、個別の体質に合ったものを置いたり、欠けているモノを補ったりすればいいのです。それは家の形によって補い方が違ってきます。

それが終わったら、今度は伸ばしたい能力を伸ばす方向に持っていく。つまり、パワースポット化には三段階があるわけです。鬼門、裏鬼門にマイ・テンプルを作ることによりポピュラーにきれいにして、その後、自分の欠けているものを補って、バランスを取ることです。

家相の欠けと張りをどうとらえるか

布施 欠けているものとは、家相的に欠けているものですか、それとも自分に欠けているもの?

秋山 両方なんですよ。欠けている家に住む人って、自分もそういう方角の性質が欠けているんです。必ずそういう家に住むんです。選んでしまうのですね。

布施 家が欠けるというのは、どういうことですか。

秋山 その方位が欠け込んでしまっているのです。正確に言うと、でっぱり過ぎ、欠け込み過ぎ、です。**本当は正方形の家がいいのです。一番いいのは、円形の家です。**だから中国の客家(はっか)(客家語を共有する漢民族の一支流)は円形の家「円楼(えんろう)」に住んでいるでしょう。古い城を見ても、円形の塔が建っています。基本的には円形の家が一番いいです。それに次ぐのが、方形の真四角の家。で、それを基準にした時に、どこが出っ張っているか、欠けているか、です。

布施 出っ張っているところはどうすればいいのですか。

秋山 出っ張っているところはまだいじらなくてもいいのですが、基本的には欠けているところをどう補うか、です。ただ、たとえば北西が出っ張っているということは、西と北が欠けているということにもなりかねないですからね。出っ張っているところの両側は欠けていることになりますから。

○

「欠け」と「張り」という思想について説明しておこう。秋山氏によると、風水学には家相があり、風水的に最も問題のない形が円形、あるいは真四角の家であるという。その形を基本形として、どちらの方角が凹んでいたり出っ張っていたりするかが、それぞれ「欠け」「張り」となる。具体的には家の四柱点を基本として、間口に対して三分の一以内の張り出しを「張り」とし、間口に対して三分の一以内にある引っ込みを「欠け」とする場合が多い。ただし、どこまでを欠けと見なし、どこまでを張りと見なすかは、風水師によって異なることもあるようだ。

また秋山氏によると、張りだから吉相で欠けだから凶相と一概には言えず、仮に凶相でも簡単に欠けている部分を補強することはできるのだという。その具体的な方法については後述するとして、面白いのは、欠けていたり出っ張っていたりする家に住むのは、その方角の性質が欠けているからそのような家を選ぶのだとしている点だ。

秋山氏は次のように主張する。それぞれの方角には、形や色の性質があるほかに、気質も備わっているのだ、と。北は集中力、北東は継続力や努力、東は人間関係力、東南は自由な発想力、南は情熱や激しさ、南西は受容力、西はコミュニケーション力、北西はリーダーシップだ（44ページの表「『易経』の八卦をベースにした方位とシンボル、形、色、数字の関係」参照）。

すると、北西が欠けている家を選んだ場合はリーダーシップが欠けていることになり、南が欠けている場合は情熱が欠けていることになる、と秋山氏は言う。そんなバカなことはありえないと反論する読者もいるだろう。強烈なリーダーシップの持ち主が北西の欠けている家に住んでいるケースや、情熱的な女性が南の欠けている家で暮らしていることもある、と。

それでも秋山氏が主張するように、それぞれの方角には我々の目に見えない特性が本当に備わっているのだとしたら、北西が欠けている家に住んでいるからこそ、リーダーシップがその程度で抑えられていると考えることもできる。つまり北西は父性の特性を持っているから、「欠け」のお陰で亭主関白が適度に抑制されているとも解釈できるわけだ。南が欠けた家に住む情熱的な女性も、欠けているからこそ情熱が程よく、あるいは品よく抑えられているのかもしれない。

だが、仮に欠けのある家に暮らしていても、欠けを補強する方策はいくらでもあるのだから、過度に心配する必要もない。あくまでもバランスの問題ではないかと思う。気になる方は、この本を読んで、対応策を是非講じてみてほしい。

次の章では、具体的事例として北西方向に欠けがある家を挙げながら、どのような対応策を講じるべきなのかを秋山氏に聞いてみた。

秋山コラム❸「性質と八卦相対の関係」

私は易経を、宇宙人がもたらした宇宙言語であると思っています。八方向にそれぞれの形や色、性質があるというのは、宇宙共通の法則みたいなものなのです。

北の坎(かん)は知才、知性と才能です。自分の元々ある才能を掘り起こすことと、知を深めることを表しています。

北東の艮(ごん)に相対するものは、やはり積み上げることです。積み上げるものは二つあるんですね。経験と知財を含めた財産です。

東の震に相対するのは、やはり人間関係。どれだけ人材を作り、和をつくるか、です。

東南の巽というのは、自由を求めることです。絶対なる自由を求めること。自由になるという意志を失わないことです。だから、たまに休んでみるとか、たまにハチャメチャやってみるとか、たまに束縛から解放されてみるとか、ルールから外れてみるということが必要なんです。

それから**南の離**は、感情の価値観です。たとえば、素敵な着物を着て、人を喜ばせたりすることです。ファッション、美です。表層的なもの。人の感情に合わせること、人を高揚させることもそうです。エンターテインメントの精神ですね。

南西の坤は受容です。受け入れるべきことを、本当に優しく受け入れること。母親であるようにするにはどうしたらいいかを知っていることです。傷ついたものを立ち直らせる受容力、あるいはどんなに嫌いな人の言うことでも、ちゃんと頭の隅では聴いているような受容力があることです。

そして、**西の兌**が示しているものは、流通するお金と言葉の重要性です。

自分から発信する言葉とお金というのは、同じことなのです。流通するお金というのは、お金を使うということ。お金で重要なのは、使い方なんです。言葉も同じです。

最後に**西北の乾**（けん）はリーダーシップです。これには、自分でやるべきでないことを人に手伝ってもらうという采配力や、分けるという分配力も含まれます。

これらが、八卦で言うところの八つの性質です。自分で足りないと思う性質や伸ばしたい性質の方角を強化すればいいわけです。

〔第六章〕自宅を風水的に改造する方法

欠けはその方角のアイテムで補強すべし

この章の初めに取り上げるのは、「欠け」がある家だ。まずは一階の間取り図を見てほしい(左の間取り図)。西の方角に玄関があり、南側はリビング。東の方角にキッチンと勝手口があり、北東方角には和室がある。やはり特徴的なのは、西から北にかけて駐車場のスペースを取ったために欠けが生じていることだ。

北西方向がやや欠けた家の間取り図

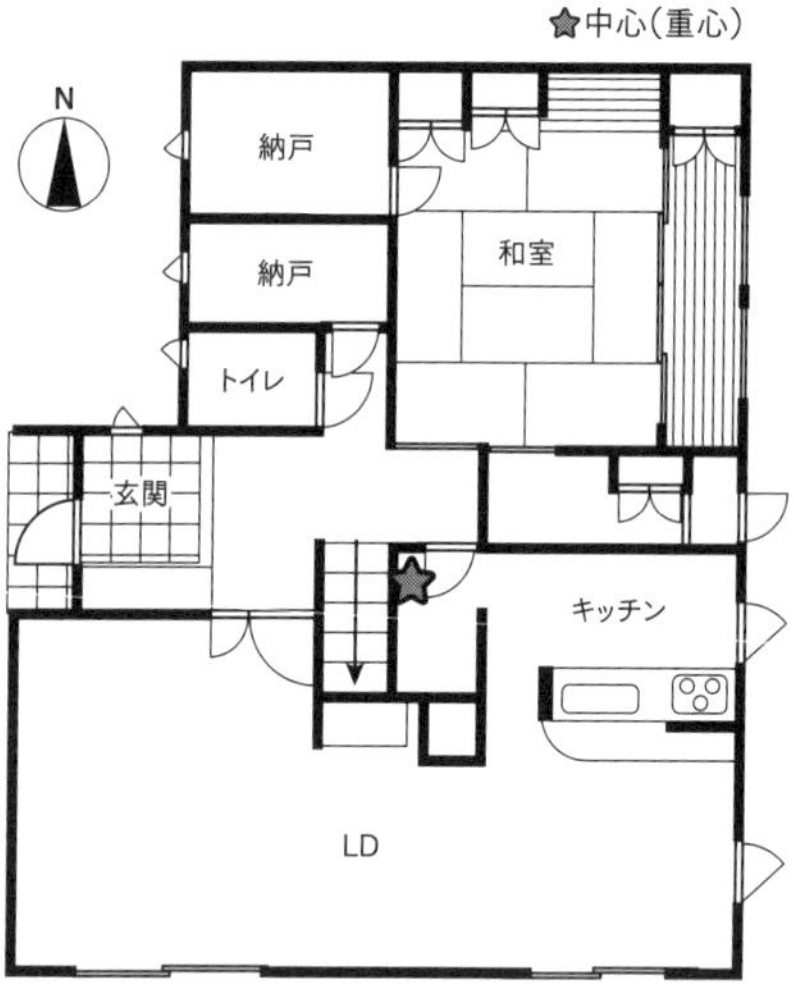

最初にやることは、この間取り図を切り取って、指やペンなどの尖ったものを使って重心の位置を測定することである。その重心が中心となる。この家の中心は、星印（★）の場所だ。この中心から見て家の各部屋がどちらの方角にあるかを、方位磁石を使って調べる。すると、北西方角に欠けがあることが改めて確認できるわけである。

これで準備は整った。では、どのようにスピリチュアル風水的に欠けを補っていけばいいのだろうか、秋山氏に聞いた。

○

布施 この家は北西の部分が欠けています。北西が欠けている場合は、どうすればいいのでしょうか。

秋山 北西の欠けはリーダーシップが欠けているということですね。北西は天とか宇宙ですから、地球の絵とかお月様の絵とかを飾ることによって、補ってあげるといいでしょう。特に丸いものがいいです。北西が欠けていますから、北西の欠けに一番近い西側の壁に、そうしたものを飾ってあげるといいでしょう。

布施 この間取り図で言うと、納戸からトイレにかけての西側の壁に北西を強めるアイテムを飾ればいいわけですね。北西の方角は、色はグレーで形は丸でした。ということは、円い鏡などでもいいわけですね。

秋山　それもいいですね。欠け込んでいる部分の壁面、この場合は北西ですから、西側の壁面全部をなるべく強めに補ってあげるといいと思います。西は金属だから、金属でもいいんだけど、北西は宇宙でもあるから、宇宙のイメージのもので、丸とか天体写真とか、空の写真とかを、そういうところにいっぱい飾るっていうのは手ですね。そのあたりをもう、飾りまくる。

布施　欠けているということはまず、その方角のパワーが落ちていますよ、という風に考えるのですか。

秋山　そうです。

布施　この間取り図で北西角にある納戸の北側の壁面は、どうすればいいのですか。

秋山　そこも丸いもので補うといいでしょう。

布施　北西を欠けたままにしていると、どうなってしまうのですか。

秋山　家のリーダーシップが欠けてしまうというか、要するに、状況まかせになってしまうということがありますね。

布施　それは北と西が両方欠けている、と見るのですか。

秋山　いえ、北西だけ欠けていると見ます。

布施　そうですか。リーダーシップが欠けているから、そういう家を選んだってことにもなるわけですね。

秋山　でもね、北西が欠けるケースは多いんですよ。こちらがやりたいものを通すという力が弱くなるのです。

布施　やりたいことを通すためには、北西の補強は欠かせない？

秋山　北西は父という意味もありますから、早めに対策を講じたほうがいいでしょう。

マンションの場合は建物の形をまず考慮する

布施　やはり張りと欠けは早急に何とかしなければいけないのですか。

秋山　張りと欠けをどう見るかという問題もあります。たとえば先ほどの北西の欠けがあるケースですが、別な視点で見ると、北から北東とか、下手すると西から南西が出っ張っている、張っていると見ることもできるわけです。

布施　南西が出っ張っていると、確か南西は母性ですから、カカア天下になるとか（笑）。

秋山　いやあ、出っ張っている場合はいいことなのです。別にカカア天下だとしても、何も悪いことはありません。奥さんは引くことはないと思います（笑）。むしろ、凹(へこ)んでいるところを補うという発想のほうが正しいと思います。

布施　欠けるってことは、反対側が張っているっていうことですものね。

秋山　だから本当は、円形の家がいいんですよ。張ってもいなければ、欠けてもいませんから。

布施　八角形とかもそうですね。

秋山　または方丈。真四角ですね。東西南北に壁を置いた家です。

布施　マンションなどはL字型やコの字型があります。ところが自分の家の間取りは長方形だったり、真四角だったりするなど建物とは別な形になりますよね。この場合はどうでしょう。

秋山　最初にマンションの形で見ます。L字やコの字は欠けている部分があると考えます。その次に自分の家の間取りを見る。だからまず、マンションの建物自体の欠けた方角を、自分の間取りの中で補っていかなければなりません。L字だと凹んだ方角は二面あるわけですから、凹んでいるその壁に絵でもいいし、モニュメントでもいいし、そこを補うといいです。とにかく欠けだけ見て、そのあと玄関や窓が鬼門、裏鬼門にないかを見て、あった場合はそこを補うことです。

布施　一軒家の場合に戻りますが、一階と二階がある場合はどう考えるのでしょうか。

秋山　それぞれの階で方位を出して、弱いところがないかどうかを見ます。

布施　先ほどの間取り図の家には二階部分があります。で、二階は北東が欠けているのだとすると……。

秋山 では、二階部分の欠けている方角に、藍色のもの、山の風景、形としては積み上げられて出っ張ったものなどを飾るといいでしょう。藍色のタペストリーなんかを掛けるのもいいです。北東は蓄財の意味がある方位ですからね。お金そのものは西なんですけれど、財産とか今までの私財とか積み上げたものは北東です。

布施 流動性のある資産が西で、固定資産は北東なんですね。蓄財したければ、北東の力を強くするアイテムを飾る、と。

秋山 そうです。方位を飾るには、**その方位に合ったアイテムが必要になります。**「方位別パワーを強めるアイテム一覧表」（126〜127ページ）を参考に各方位を自由に、センス良く飾ってください。

それぞれの方位に合った空間を創る

八方位それぞれの方角を強めるためのアイテムがあるというのは面白い。ただし、本当にそうなるのかどうかは、「方位別にパワーを強めるアイテム」を実際に使ってみて実践するしかない。一覧表には、形や色だけでなく、鉱物や植物、それに神様も入っているので、非常に便利だ。

秋山氏にこの話を聞いてから、我が家でも各方位を強くするアイテムをいくつか飾って実験してみた。たとえば、北の部屋には、滝の絵を飾ってみた。北を強くするアイテムに滝があるからだ。また北東に当たる場所には、山の絵もいくつか飾ってみた。すると、これまで無味乾燥としていた北東の空間が、遠くに山が見える落ち着いた場所となり、北の部屋は、滝の流れる、奥行きのある客間へと変身したのである。

東には植物を置き、緑色の多い写真も長方形の写真立てに入れて飾ってみた。すると東の部屋は、うっそうと茂る緑の空間になった。南東は風である。風車や岬の描かれた地中海の島の絵を飾り、風を感じられる海のアイテムを紫の敷物の上に並べた。そこには南の風の吹く、海の世界が広がった。

南は炎。赤いキャンドルを配置した。寛容の大地を示す南西には、鉢植えやピンク系の絵を飾った。西には金色の三日月の置物や白いものを、北西には銀河系のポスターや丸いものを置いて、天を意識することができる空間にした。

これらのアイテムによって、長期的に見て果たしてどのような効果があるのかはまだわからないが、家のイメージと雰囲気はガラッと変わった。より心地よい空間に変身したように感じる。少なくとも豊かで奥行きのある家になったのではないかと自負している。一覧表を参考にして、将来的には鉱物や植物を用途に応じて配置していくと、さらに面白い空間にできるのではないだろうか。是非、読者の皆さんも試してみて、自分流のまったく新しい空間を自宅に創ってみてはいかがであろうか。

再び、この章の最初に示した間取り図の家を風水的に改造する方法についての話に戻ろう。ほかに何を注意すればいいのだろうか。

中心部には家のテーマとなるものを飾る

布施 先ほど例に挙げた一階の間取り図から、次に何をすべきだと思いますか。

秋山 そうですね。この図を見ると、家の中心付近に物置みたいな収納スペースがありますね。家の中心は、その家のテーマとなりますから、それなりのものを置いたほうがいいでしょう。

布施 家の中心部には、家のテーマになるようなものを飾るといいわけですね。

秋山 いくつか例を挙げましょう。もし、この中心部に冷蔵庫を置いたとします。すると、家全体が冷え切ってしまうような状況を呼び込みかねません。冷蔵庫は冷やすものですから。イメージ的に凍えたくなければ、温かいものを置くべきです。あるいは旅がしたければ、旅関連の地図とかガイドブックとか、観光地の写真などを飾るのもいいのではないでしょうか。

布施　家の中心部に収納スペースがある場合は、本棚を作ってたくさんの本を収納するというのはどうですか。

秋山　本は悪くはないですが、本中心の生活になってしまうということです。それが嫌なら、明るくなるようなものを収納するとよいでしょう。花などを飾ってもいい。

布施　それは造花でもいいのでしょうか。

秋山　生花を、と言う方もいますが、水の問題がありますから、ちゃんと手入れできないのであれば、その場所に合った、良くできているきれいな造花をお勧めします。すぐに枯れてしまう生花よりも造花のほうがいいと思います。

布施　デパートなどには、特別に作ってもらう造花もありますね。

秋山　そうですね。そうした店で、注文して作ってもらうリアル造花のようなものを活用するのもよいと思います。

欠けの補強にも使える八方位の鏡

布施　家の玄関はどの方角がいいとかはあるんですか。

秋山　まず注意しなければならないのは、家の中心から見て、玄関がどちらにあるか、です。玄関が向いている方角は関係ありません。あくまでも家の中心から見て、どちらの方角にあるか、で見ます。

布施 ということは、間取り図の家の玄関は南西ではなく、西にあるわけですね。

秋山 西の玄関は、悪くはないです。逆にお金が入ってくるとも言われています。

布施 第四章で出てきましたが、空間を浄化するアイテムの中に、鏡がありました。鏡の大きさはどうすればいいのですか。等身大以上の大きな鏡とか、姿見などの大きいものには、布を掛けろと聞いたことがありますが……。

秋山 鏡というのは悪いアイテムではありませんから、布でふさぐことはありません。欠けの補強に使うこともできます。既にお話ししたように、八方位すべてに置く合わせ鏡は、逆にいいんですよ。ただし、この場合、中途半端に合わせ鏡にするのではなく、合わせるのなら八方位すべてに鏡を置いて、合わせ鏡にするべきです。

布施 その場合、ここはちょっとこっちを向いてとか、あっちを向いてとか、その方位にあれば、少しぐらいずれていてもいいのでしょうか。

秋山 いや、できうれば真正面に合わせ鏡にするのが大事です。八方位を全部、真正面にする。でもそれができない場合もありますから、少しずつずれてもいいのではないでしょうか。とにかく家の中に八枚鏡を置くというのは、お勧めです。

電化製品は東に置くのがいい

布施　電子機器をどこに置いたらいいとかはあるのでしょうか。家の対角線上の角に冷蔵庫っていうのはどうなんですか。

秋山　家電製品っていうのは難しいのでね。今の時代、家の中に家電はたくさんありますから。基本的には、家電は東がいいとされています。

布施　それはどうしてですか。

秋山　雷って東の座だからです。

布施　易では東は雷。雷だから電気だ、と。

秋山　家電製品は電気で動きますから。ただし、コンピューター・ツールは微妙なんです。情報ツールとみて西に置くか、電化製品とみて東に置くか、という問題があります。ただ、情報ツールと言いながら、情報がコンピューターの中にあるわけではないですよね。だから私はあれを電化製品とみて、東の座を勧めます。東側であればどこでもいい。真東に置けない場合もあるでしょうから、とにかく北から南に引いた線の東寄りに持っていくことです。

布施　どんなに東に寄せようとしても南西角、あるいは西にしか置けないという場合などはどうでしょう。

秋山 その場合は南西の座にぴったり来るアイテムを電化製品の周りに置くといいです。本来は東にあるべきものが南西にあって、欠損しているわけですから、そこに南西をパワーアップする土とか海のものを置くといいでしょう。西であれば、金属です。または電化製品のそばに水を入れるモノを置いたりすることも効果があります。水は西の座を強めるという意味があります。

布施 西は湖でしたね。水際とか、水に関係するものが適している、と。それに金属も。

秋山 基本的には金属のものを何か置いて、そこを強めるべきです。

布施 易の八方位それぞれにぴったりなアイテムで補って、その場を強めるということですね。

秋山 そう、だから西はメタリックなものがいいです。

布施 方位を決めるとき、方位磁石の北と実際の真北とではずれがありますが、どちらでみるのですか。

秋山 方位磁石の方位でみてください。

中二階はお化けの棲家になりやすい

布施 うちは中二階があって、そこの一室が出っ張っているのですが……。

秋山　元々、中二階はお化けの棲家になりやすいんです。中二階を低い倉庫にする「蔵」というのがありますが、あそこは特に綺麗にしなければいけません。「蔵」には蔵の使い道があるでしょうけど、本来、蔵は別棟ですからね。別棟で真四角にするのがいいです。蔵の場所は元々、基本的には北西に造るんです。南東にあるのであれば、「蔵」をテンプルにしてしまったほうがいいです。

布施　「蔵」の天井が低く、頭がつかえてしまう場合はどうですか。

秋山　それでも座れますよね。だったら瞑想室にしてしまえばいいのです。

布施　斬新な発想ですね。

秋山　壁に薄手の棚、奥行きがあまりない棚を作るんです。そこにパワーストーンを置く。絵を並べたりして、のんびりする。

布施　では、「蔵」に収納した本などの物はどうすればいいですか。

秋山　本はね、もう安い倉庫を借りて家から出しちゃうんです。または作り付けの本棚で、壁を全部本棚にすることです。壁を有効に使うのです。普通の本棚って、奥行きがあるので手前が空いてしまいます。そこで二列に本を入れると、奥の列に入れた本は見えなくなってしまいます。だから、薄手で手前がスライドする二重の本棚にしてしまえばいいんです。昨今は通販でも薄手の本棚がたくさんありますから、それらを活用することです。

あとは近くの大工さんに頼んで、作り付けで薄型の棚を作らせる。可変式の、天井までいっぱいの本棚を作ってしまえばいいんです。

布施　それは一階の話ですね。

秋山　そう、本は重たいから一階がいいです。鉄筋でないかぎり、本来は上階に本を置かないほうがいい。だから一階の壁を全部本棚にしてしまうんです。ボルトでポールを壁に留めて、長板をその上に載せて全部を本棚にする方法もあります。

布施　むき出しの本棚ですね。

秋山　ええ、むき出しです。今は、ボルトで留められる本棚用のポールも売っています。結構オシャレにできます。壁一つ本棚にしてしまえば、本当に楽ですよ。

何よりも自由に楽しんでやることが大事

布施　部屋についてはどうでしょう。たとえば寝室はどうとか、リビングはどうとか。

秋山　使い勝手でいうと、大きくいえば陽の部屋と陰の部屋があるわけですよね。たとえば居間っていうのは、みんなで集まりたい場所ということで、陽の部屋ですよね。寝室っていうのは陰の部屋。勉強部屋っていうのは、その中間くらい。その用途に合わせて、陰の部屋には加工石よりも、自然の結晶の形のままのほうがいい。水晶の一本柱とか、本当に加工していない自分が気に入った非対称な石を置く。なるべく気に入った石を寝室に持ってきて、枕元やいろいろなところに配置する。

布施 なるほど。寝室が鬼門の場合は？

秋山 鬼門って基本的には黒系統なんですね、それから藍色系とかね。これは易のルールにのっとります。その方位にあたる色目で配置する。ただ、メインの中心石、左右対称の真ん中に置く石がその方位にあった石であれば、他は反対色で飾ってもマイナスではありません。

布施 かえって引き立て役になるのですね。

秋山 そうですね。

布施 家の中心を取る場合は厳密に測るべきなのでしょうか。

秋山 大まかでいいんですよ。あんまり原理主義になっても神経質になってしまうから。

布施 中二階が複雑な形になっている場合は、どうするとよいのでしょう。

秋山 その場合はとにかく壁面に小さな絵とか額とかをいっぱい飾ることです。よく、西洋では写真とか階段にずらっと飾っているでしょう。ああいう風に飾るといいですね。あと、石の写真でもいいです。たとえば、布施さんの家なら巨石の写真を飾るとか。写真でストーンサークルにしちゃうとかね（笑）。

布施　そういった写真はたくさんありますけれど、いいんですかそれで!?　欠けとなっている面を巨石の写真で飾る、と（笑）。

秋山　いや、いいんです。大きなものは扱いづらいから、小ぶりなものをいっぱい使う。日本家屋の場合は壁面を使うといいです。

布施　玄関が西と南西との間にあったりする場合ですが、この場合はどちらとみればいいのでしょう。

秋山　西よりやや南西とみるのがいいでしょうね。裏鬼門に開いているとみますから、玄関の外に陶器とか置くといいんですよね。裏鬼門は土（大地）だから、陶器がいいんです。欠けている入り口のあたりに陶器のもの。陶器製の動物、犬とかでもいい。ちょっとしたモニュメントを置くといいですね。

布施　ああ、土で焼いたそうしたものを置くのですね。

秋山　とにかく、陶器でできたたくさんのものをまとめて置くといいですね。今は陶器に見えるプラスチックなんかもありますが、いろいろな形の置物がありますから、玄関の入り口の外に置く。あんまり混みすぎて家の中が狭くなってしまうと困りものですから、そこはほどほどに。

布施　玄関が鬼門の場合はどうですか。

秋山　山のような形の石を外に置くといいです。

布施　うちの間取りも確かめてみます。鬼門、裏鬼門が玄関や勝手口だったりするか、調べてみます。

秋山　丘の上に立っている場合とかは、それだけで地形的にも霊的にも一番いい場所ですから、そうした場合はそれだけでよしということもあります。鬼門と裏鬼門をうまく使う方法もいろいろあるくらいですから、もしもその方位にあったとしても心配することはありません。

布施　易でいう水の方位ですが、北は上から下の方に落ちていく水、と前に聞きましたが、西や南西も水に関係していますね。

秋山　西は水面が動いていない水です。湖とか、沼とか、池とか、入り江とか。南西のシンボルに海があるのは、海には母のような受容力があるからです。

布施　北は滝ですか。

秋山　そう、だから鶴首のような首の長いものがいい。昔の家は北に床の間があって、山水とかの掛け軸をかけて、渓谷の風景のようにしていました。

布施　うちも、今まで手付かずだった殺風景な和室を少し変えてみましたが、方位に合った掛け軸や色紙絵などで落ち着いた空間になりました。今まで閑散としていたので、まったく雰囲気が変わりました。

秋山 日本の水石（すいせき）の世界では、自然界の石で、滝のような姿が現れる石とかを探してきて、床の間に置くのですよね。

布施 日本には、もともとそうしたことをわかっている人がいたのですね。東側に青や緑という寒色も置いてみたのですが、寒々しい感じはしなくて、かえって落ち着きますね。

秋山 そうです、昔の人はよく知っていたのです。そうして楽しみながら飾ってみるのがいいんですね。先にお話しした易による方位にあった数や色、物を使って、それをちょっとしたコツというように考えて、アーティスティックに飾って楽しむのが一番いいわけですよね。人によっては、厳密に計算して、原理主義的にやるのだけれど、かえって苦しみになってしまうのはいただけない。楽しみながら、そこを自分が好きだと思える空間にすることが大事なのです。

布施 いろいろ知った上で、自由にやる、と。

秋山 自由に楽しみながらやってみるというのが大事です。

風水原理主義より利便性やデザイン性重視を

布施 カーテンについても、何か注意することがありましたね。

秋山　とにかく、いい感情で作られたカーテンを使うことです。皆がいい感情で受け取っているもの。やはり流行のものは悪くないですね。素材の良質なものをチョイスすることです。「安かろう、悪かろう」は選ばないこと。カーテンはやはり長く影響を与えるものですから、いいものを選ぶということです。

同時にその方角に合ったシンボルや色のカーテンにするべきです。基本的にはカーテンは暖色系がいいとされています。

布施　確か東から北にかけては寒色系がいいとのことでしたが、では東から北の部屋にカーテンをかける時には、寒色系がいいのですか。

秋山　いろいろな方法論があるのですが、八卦に沿ったカーテンを用意するという手もあります。でもその部屋をトータルにコーディネイトするのであれば、方位重視を止めて逆にデザイン重視で一つの色に統一するというやり方もあります。そうだとすれば、やはり暖色系のほうが温かみはありますね。淡い暖色系がいい。

そこはデザイン性、デザインセンスの問題です。風水のルールにこだわり過ぎて原理主義に陥ると、今度は気が狂いそうな家になってしまうんです。オバケの家になってしまいますから。そうならないために、そこにアーティスティックなセンスが求められるわけです。つまりそれぞれのバランスを取るということが重要になってきます。

○

秋山氏によると、何でもかんでも風水のルールに則って家の中を飾ろうとすると、逆に住みにくい家になるという。非常に面白い指摘だ。というのも、風水や易にはまると、自分が読んだり習ったりしたものだけがすべてで、その原則やルールに従わないものは、間違いだと思い込む人が世の中には多いからだ。

秋山氏はその点、風水的原理主義を戒め、もっと自分の感性や直感を信じて、自由に家を飾るべきだと言う。同時に、生活の利便性やデザイン性を損なうような風水的内装を展開するのは、本末転倒だとも主張する。私も秋山氏の意見に賛成だ。風水的な自宅の改造というのは、楽しく、自由で、簡単なものであるべきなのだ。見栄を張る必要もなければ、何か高級なものを買いそろえる必要もない。気軽に楽しくでき、そして何よりも住むのに快適な空間を創らなければ意味がない。

その気軽さに関連して、秋山氏は風水にタロットカードやトランプを使うこともできると話す。タロットカードで風水を見るとはどういうことだろうか。

ト占で風水を調べるとよく当たる

秋山 タロットカードで家の風水を調べる方法もあります。

タロットカードには、大アルカナと小アルカナの二つがあります。風水を調べるときは小アルカナを使います。小アルカナの四種類のカードは四神相応になっているんです。タロットというのは、本来は風水を見るためのものだったと思うのです。でもトランプでできます。トランプのほうが簡単かもしれない。

そうすると、自分の家の風水で欠けているところが大体きれいに出てきます。儀礼通りにやれば、ちゃんと出てきます。

布施 トランプやタロットで、欠けているものがそんなに見事にわかるのですか。

秋山 わかります。占いの世界の話をすると、多くの人が根本的なところで錯覚していることがあります。どういうことかというと、複雑な計算をする占いとか、計算式が暦と連動して決まっているような占いが、非常に優秀で奥行きがある占いであると思いがちなことです。

ところが暦を基にした占いというのは、だいたい古い暦を使おうとするのですが、最初からルールがずれているとか、現代の暦とそぐわないとか、占う以前から間違ったルールを前提にしてしまっている場合が多いのです。占星術にしても、千年前の教科書を読んだら致命的な計算ミスがあって、科学的な根拠は全くない場合もあります。逆に千年信じられたことによって、何となく当たってしまうなんてことも起こります。まさに血液型占いなどはその類です。

ところが、占いの中でも一番よく当たるとされるのは、やはりクライアントと占者との間で、精神的コンディションや環境的コンディションを整え、それに時間も整ったところで行う断易なんです。つまり偶然現れた形でものを見る占いが一番よく当たります。

だから亀の甲羅を焼いたり、鹿の骨を焼いたりする「太占（ふとまに）」が古代においては重視されました。易も偶然割った竹籤（たけひご）の数を見るわけです。偶然現れた数字を見る「梅花心易（ばいかしんえき）」のような占いもあります。

そうした卜占がある中で、西洋で発達したのがタロットです。偶然現れたカードを見るわけですから。実際、そういうもののほうが、きちんとやれば当たるのです。

タロットカードで風水を調べる方法

布施 それでは、タロットカードでもできる、自宅のパワースポット化について教えてください。

秋山 ええ。基本的にはタロットカードには大アルカナという絵札、つまりキャラクターが描いてあるカードと、剣、杖（棒）、聖杯、硬貨（護符）という四種類の数字のカード、つまりトランプの原型となったような小アルカナというカードがあります。この小アルカナのほうをうまく使って、自宅のパワースポット化に役立てることができます。普通のトランプを使っても構いません。

まず一つ、頭の中でルールを決めます。たとえば、偶数は風水力が癒すほうに強い、奇数は風水力を壊したり変えたりするほう、またはネガティブなほうに強い、と決めます。かつカードの1から10の数字で数が多いほうがそのパワーが強いとすることにします。すると、1、3、5、7、9は、変えたり、ネガティブにしたりするほうが強いから、その数字が出たら、その数字が大きければ大きいほど永久(とわ)の住処には向かない場所ということになります。逆に2、4、6、8、10といった数字が出たら永久の住処に向いている場所なわけです。数が大きいほど気の集まりがいい場所ということになります。

タロットの場合には、その数字プラス、ナイト（騎士）、ペイジ（従者）、クイーン（女王）、キング（王）とあるわけですが、ナイトとペイジは奇数の一番強いカードであり、クイーンとキングは偶数の一番強いカードであるとします。

トランプの場合は、ジャックとクイーンとキングという絵札がありますが、これだと単純に11、12、13をそれぞれに当てはめると奇数が多くなってしまいます。だからトランプでやる場合は絵札を取り除いて占うといいと思います。あくまでも確率を五分五分に設定します。

このようにルールを決めたうえで、カードをよくシャッフルして、四種類のカードをそれぞれ北、東、南、西に分けて置きます。北には、北のシンボルである剣のカードを、トランプの場合は剣に相対するスペードのカードの山を積み上げておきます。東には、東を象徴するシンボルである杖、あるいはトランプのクローバーの山を置きます。同様にして南には、南を表す聖杯かハートを、西には硬貨かダイヤを積んでおきます。

布施 それでどのように占って、どう判断するんですか。

秋山 北に置いたスペードもしくは剣のカードをシャッフルして、一番上のカードをめくります。それが北を表すカードで、その次にめくった上から二枚目のカードが北東を表すカードです。同様に、東に置いたクローバーもしくは杖のカードをシャッフルしてめくった一番上のカードが東、二番目のカードが南東となります。南に置いたハートもしくは聖杯も、一番上のカードが南、二番目が南西です。西のダイヤもしくは硬貨も一枚目が西で二枚目が北西を象徴するカードになるというわけです。

別の言い方をすると、北のシンボルは水でもありますから、水のカードで水の兄(え)、水の弟(と)と見るわけです。つまり壬(みずのえ)と癸(みずのと)がそれぞれ北と東北に相対します。東と南東は、木のカードで甲(きのえ)と乙(きのと)。南と南西は、火のカードで丙(ひのえ)と丁(ひのと)。西と北西は、金のカードで庚(かのえ)と辛(かのと)というように見ていきます。八卦の八つの方角です。

それぞれのカードが偶数か奇数かで、八方位がどのような風水力の状態にあるかがわかります。ネガティブなのか、癒すほうに働いているかを診断できるわけです。そして数字の大きさが、どれだけネガティブなのかポジティブなのかを示します。

偶数のカードが出た方角は、終の住処としてふさわしいことになります。反対に奇数が出た方角は風水力が壊れている、ネガティブに働いていることを意味しますから、何か方策を取らなければならないわけです。

布施 この占いは一回きりですか。何回もやったらどうなるんですか。何回もやれば当然、違った答えが出てきますよね。

秋山 断易の重要なところは、初回性にあります。二度目をやると乱れると言われています。だから同じ質問の二度聞きを止めることです。二度やりも止める。

布施 答えや診断が狂ってくるということですね。では、その一回目をやるときの注意事項を教えてください。

秋山 大事なことは、最初の占いをやるときは、気持ちが整うのを待ってからやるということです。心が落ち着いている時にやらないといけません。

布施 ダウジングと同じですね。何かいろいろ余計なことを考えていたり、邪心があってはいけないということですね。

秋山　そうですね。きちんとやれば本当に、家の風水の問題点が浮き彫りになります。その場所にナイトやペイジ、奇数の大きな数字が出てきます。逆に一番いいところにはキングやクイーンとか、偶数の大きな数字が出ます。これはもう本当によく当たります。

布施　問題のある方角が見つかったら、次は何をすればいいんですか。

秋山　問題の方角が見つかったら、あとは「欠け」を補うときと同じです。今度はそこを風水で補えばいいのです。

布施　なるほど。

秋山　そこの方位に適した、その方位にパワーを寄せるシンボルのものを置きます。数字でも色でも形でもいいです。易のルールに沿ったものを、そこに置けばいいのです。そうすればひっくり返るわけです。ネガティブがポジティブに変わります。

偶然や占いは集合無意識からのメッセージ

占いのような偶然の結果が正解であることが往々にしてあるなどと言うと、読者の皆さんは当然、半信半疑になるはずだ。私も二年ぐらい前なら、そのような「当たるも八卦、当たらぬも八卦」のような偶然に意味があるなどとは想像もしていなかった。だが最近は、偶然は神の演出、もしくはこの世界と並行に存在している「異界」からの影響や作用が強まるときに起きる現象ではないかとも思うようになってきた。この場合の異界とは「集合無意識の世界」のことである。

その一つの根拠となるのが、プリンストン大学のロジャー・ネルソン教授らが実施した「地球意識プロジェクト」である。ネルソン教授らは一九九九年ごろから、絶え間なくランダムに数字を出し続ける乱数発生器を世界中に配置してひたすら記録を取り続けた。すると、オリンピックやニューイヤーなど世界的なイベントや、大地震、大事件があると、たびたび乱数が偏るということがわかってきたのである。極めつけは、二〇〇一年九月一一日に発生した同時多発テロ事件だ。

この日、乱数発生装置には二機の航空機がニューヨークのワールドトレードセンターに突入する数時間前から極端な変動が観測された。しかもすべての乱数発生装置は、その日が一年で一番変動が大きくなるなど、通常ではまったくありえないような動きを示したという。

このほか二〇〇四年一二月のスマトラ島沖地震など大地震の前後にも乱数の偏りが発生することが確認されたとされている。

こうした乱数の偏りが、どのようなメカニズムで発生するかはわかっていない。また、世界的事件など毎日のように起きており、単なる偶然を都合のいいようにこじつけただけだとの指摘もある。

しかし、未来あるいは直近において大事件や大災害が発生すること、あるいは発生しつつあることを察知した人間の集合無意識が乱数発生装置に影響を与え、出力データに偏りを与えているのだとしたら、一見偶然に思われる偏りには意味があったことになる。偶然に意味があるのならば、偶然によって選ばれたカードにも意味があるはずである。逆に言えば、ある所作に則って儀式をしたら、意味のある「偶然」を作り出すことができるかもしれないわけだ。そして、それこそが占いではないかと私は解釈している。スピリチュアルな世界では、「偶然」こそ、時間を超越した異界（集合無意識）からのメッセージ（情報）になりうるのである。

布施コラム❷「確率の偏りとパウリ効果」

集合無意識など未知なる力が確率を偏らせる現象と非常によく似たものに「パウリ効果」と呼ばれる不思議な現象がある。それはノーベル物理学賞を受賞したスイスの理論物理学者ヴォルフガング・パウリ（一九〇〇〜五八年）の周辺では実験機材がよく壊れるという現象を揶揄したジョークやジンクスの類なのだが、私にはただの冗談ではないように思われるのだ。その根拠を示す前に、「パウリ効果」と呼ばれるようになったいきさつを紹介しよう。

そもそもパウリは元々実験がそれほど上手ではなく、よく実験装置を壊していたという。ところが、彼が装置に触れただけで実験機材が壊れたり、近づいただけで壊れたりするという〝偶然〟も重なるようになった。

たとえば彼がプリンストン大学を訪問中に、同大学のサイクロトロンが突然、原因不明の火災を発生して壊れてしまった。スイスの心理学者カール・グスタフ・ユングがパウリを招待したときには、彼が部屋に入るやいなや中国製の花瓶がなぜか落下して割れ、ハンブルクの天文台のドーム内に入ったときは、大きな音がして望遠鏡の蓋が落ち粉々になったこともあったという。ある日、ドイツのゲッティンゲン大学の高価な実験設備が不可思議な壊れ方をしたことがあった。早速、担当教授がパウリに連絡したところ、ちょうど彼の列車がゲッティンゲン駅に停車中だったという笑い話のようなエピソードも伝わっている。

こうしてパウリが近くにいるだけで実験装置やモノが壊れるという現象が重なって、ある人物が装置に近寄っただけで不可解な壊れ方をすると「パウリ効果」が現れたと同僚の科学者らから言われるようになったわけだ。

このように何か二つの事象が発生し、因果性では関係を持たないのに、繋がりがあると思われる現象（相関性）が生じることをシンクロニシティという。相関性とは、独立して発生した現象の物理的な因果関係を説明することはできないが、全体としてみると統計的に明確な関連があることである。「パウリ効果」や「地球意識プロジェクト」がまさにこれである。

いったいこのシンクロニシティを引き起こすものの正体は何なのか。秋山氏はその正体を突き止めるカギは、やはり未解明の超能力波やテラ波のようなものではないかという。そう言えば私も、秋山氏がいるだけで異次元世界とつながりやすくなり、ＵＦＯも出現しやすくなるという経験をこの二年間にしてきた。これも一種の「パウリ効果」だ。偶然を引き寄せる力がこの世界に存在することが科学的に証明される日も近いのかもしれない。

占いに話が及んだこともあり、夢や占いに現れるシンボルが易経の六十四卦とどのような関係にあるのかを説明しておこう。まずは色や形、方角、数字などと八卦の関係は次のとおりだ。

1のグループ（西北）：グレー、丸 ──→天（乾）
2のグループ（西）：白、金、銀など金属、口の形・三日月 ──→沢（兌）
3のグループ（南）：赤、三角形 ──→火（離）
4のグループ（東）：青・緑など樹木、長方形 ──→雷（震）
5のグループ（東南）：藤色・紫、紐の形 ──→風（巽）
6のグループ（北）：黒、穴の形 ──→水（坎）
7のグループ（北東）：藍色、山のような形 ──→山（艮）
8のグループ（南西）：ピンク・オレンジ、正方形 ──→地（坤）

占いや夢などで二つの数字が出たら、その順番をひっくり返して易の卦を出す。たとえば、3（火）・7（山）だったら、「7（山）・3（火）」として「山火賁（さんかひ）」が導き出される。9以上の数字は8で割って、その余りが求める数字となる。たとえば12と5なら、12÷8＝1…4（余り4）なので、4（雷）5（風）となり、その順番をひっくり返して「5（風）4（雷）」、すなわち「風雷益（ふうらいえき）」となる。色や形も数字と同様で、たとえば夢の中で丸（天）を見て次に正方形（地）を見たら、「地天否（ちてんひ）」の卦を得る。

では「白い犬」のように形と色が同時に夢の中で出た場合、どのような順番にすればいいか。秋山氏によると、基本的には形が優先されるのだという。この場合犬は、干支の方角から数字（八卦）を導き出す。子（北）丑寅（北東）卯（東）辰巳（東北）馬（南）未申（南西）酉（西）戌亥（西北）で、犬は西北なので1だ。すると、1（天）2（沢）となり、その順番をひっくり返して「沢天夬（たくてんかい）」の卦が導き出される。ちなみに十二支から外れた猫はウサギの代用として東（4＝雷）になるのだと秋山氏は言う。

以下にその早見表を掲載するので、夢占いなどに使ってみてほしい。卦の詳しい内容についてはここでは触れないが、卦がもたらすや簡単な意味だけを記しておくので、参考にしてもらいたい。

数字の出てくる順番：それぞれの数字が表す八卦→導き出される六十四卦：テーマや意味

1・1：天乾→乾為天（けんいてん）：創造的なもの

1・2：天沢→沢天夬（たくてんかい）：決断のとき

1・3：天火→火天大有（かてんたいゆう）：大量所有

1・4：天雷→雷天大壮（らいてんたいそう）：大きな力

1・5：天風→風天小畜（ふうてんしょうちく）：抑制

1・6：天水→水天需（すいてんじゅ）：待つこと

1・7：天山→山天大畜（さんてんたいちく）：大きな抑制力

1・8：天地→地天泰（ちてんたい）：平和

2・1：沢天→天沢履（てんたくり）：踏むべき道

2・2：沢兌→兌為沢（だいたく）：楽しいもの

2・3：沢火→火沢睽（かたくけい）：対立

2・4：沢雷→雷沢帰妹（らいたくきまい）：チグハグな時

2・5：沢風→風沢中孚（ふうたくちゅうふ）：誠実
2・6：沢水→水沢節（すいたくせつ）：限界
2・7：沢山→山沢損（さんたくそん）：減少
2・8：沢地→地沢臨（ちたくりん）：接近

3・1：火天→天火同人（てんかどうじん）：協力
3・2：火沢→沢火革（たくかかく）：変革
3・3：火離→離為火（りいか）：付着
3・4：火雷→雷火豊（らいかほう）：豊富
3・5：火風→風火家人（ふうかかじん）：家族
3・6：火水→水火既済（すいかきせい）：成就
3・7：火山→山火賁（さんかひ）：装飾
3・8：火地→地火明夷（ちかめいい）：暗くなること
4・1：雷天→天雷无妄（てんらいむぼう）：無邪気
4・2：雷沢→沢雷随（たくらいずい）：追随
4・3：雷火→火雷噬嗑（からいぜいこう）：咀嚼（そしゃく）

4・4：雷震──→震為雷（しんいらい）：大騒動
4・5：雷風──→風雷益（ふうらいえき）：増加
4・6：雷水──→水雷屯（すいらいちゅん）：試練
4・7：雷山──→山雷頤（さんらいい）：養うこと
4・8：雷地──→地雷復（ちらいふく）：復活・転機

5・1：風天──→天風姤（てんぷうこう）：会いに来ること
5・2：風沢──→沢風大過（たくふうたいか）：大きな重荷
5・3：風火──→火風鼎（かふうてい）：安定性
5・4：風雷──→雷風恒（らいふうこう）：持続
5・5：風巽──→巽為風（そんいふう）：リラックス
5・6：風水──→水風井（すいふうせい）：潜在意識
5・7：風山──→山風蠱（さんぷうこ）：腐敗
5・8：風地──→地風升（ちふうしょう）：上り進む時

6・1：水天──→天水訟（てんすいしょう）：争い

6・2：水沢――→沢水困（たくすいこん）：苦難
6・3：水火――→火水未済（かすいびせい）：未成就
6・4：水雷――→雷水解（らいすいかい）：解放
6・5：水風――→風水渙（ふうすいかん）：分散
6・6：水坎――→坎為水（かんいすい）：艱難の連鎖
6・7：水山――→山水蒙（さんすいもう）：未熟さ
6・8：水地――→地水師（ちすいし）：集団の争い

7・1：山天――→天山遯（てんざんとん）：退却
7・2：山沢――→沢山咸（たくざんかん）：感応
7・3：山火――→火山旅（かざんりょ）：さまよう人
7・4：山雷――→雷山小過（らいざんしょうか）：少し過ぎること
7・5：山風――→風山漸（ふうさんぜん）：穏やかな発展
7・6：山水――→水山蹇（すいざんけん）：障害
7・7：山艮――→艮為山（こんいさん）：静止
7・8：山地――→地山謙（ちさんけん）：謙遜・柔和

8・1：地天──→天地否（てんちひ）：停滞
8・2：地沢──→沢地萃（たくちすい）：集まること
8・3：地火──→火地晋（かちしん）：進歩
8・4：地雷──→雷地予（らいちよ）：熱意
8・5：地風──→風地観（ふうちかん）：熟考
8・6：地水──→水地比（すいちひ）：交流・コミュニケーション
8・7：地山──→山地剥（さんちはく）：剥奪（はくだつ）
8・8：地坤──→坤為地（こんいち）：受け入れるもの

〔第七章〕

パワーのバランスを取る

イメージや色、数字で補うこともできる

これまで自宅でのマイ・テンプルの作り方や風水的なパワーアップの仕方などを秋山氏と共に論じてきた。自宅をパワースポットにする基本は、楽しく、簡単に、そして気軽かつ手軽に自宅を改造していくということである。一つの原則に固執する必要はないし、これ見よがしに高価な品を飾る必要もない。むしろ自分の感性を優先させながら、エネルギーのバランスを楽しむことが重要なのではないだろうか。この章では、そのバランスについても秋山氏に聞いてみる。

○

布施 風水にはいろいろな流派というんでしょうか、昔からのものと新しいものとがあったり、方位の決め方一つを取っても違ったりして、さまざまなものがありますよね。

秋山 もともと風水学は、現在のさまざまな風水の説のように、そんなに細かく設定してはいません。だから、既にお話ししたように、あまり原理原則に囚われる必要はないのです。風水っていうのは、その家で心地よいものをその場所に置いていくというのが重要なことなんですね。だから、機能性も考えてみなくてはいけません。何事もバランスです。物を動かせなければ、ちょっとしたイメージと色で補うこともできます。数で補うとい

う手法もあります。ペンで数字を小さく書き込むとか、サブリミナル的にね。

布施 数字を書き込むのは、安上がりですね（笑）。人間の潜在意識は、あっちの方角は何か欠けていると分かってしまうのですかね。だから元気が出なくなる。ところが、潜在意識に気付くように欠けているものを補ってやれば、気が回復する、と。

秋山 そうですね。

絶大な威力を発揮するサブリミナル化

布施 ところで、そのサブリミナル的に数字を書き込むとは、どういうことですか。

秋山 シンボルを使ったパワースポット化は、あからさまではなく、サブリミナルにしたほうが効果は大きいんです。つまり、あまりはっきりとはわからないように、ちょっと傍らに描いてあったり、彫ってあったりすることです。そこがポイントです。サブリミナル化すること。

布施 あからさまにシンボルを示してあってはいけないんですか。

秋山 あまりにも小さくて見えなかったりしてはダメですが、一番効果的なのは、ちょっと傍らに描いてあることです。

布施 見えすぎても、見えな過ぎてもいけない？

秋山　そうです。つまり淡く、幽玄にシンボルを描くことです。

布施　どうしてそうなるのですか。

秋山　やはりそうすると、潜在意識が気にするからです。

布施　潜在意識が気にする？

秋山　顕在意識が気にしてしまうと、潜在意識に届きにくくなってしまいます。つまり顕在意識では軽く流されてしまうほうが、潜在意識には強く入っていくのです。それによって潜在意識が活性化すれば、それだけ問題解決能力が高まり、感覚や感性、直感が鋭くなります。

たとえば、文字絵というのがあります。日本のサブリミナルの元祖みたいなものです。絵の中にこっそり、文字を柄のように描き込みます。するとそれが、見た人の潜在意識に作用して力を引き出したり、弱めたりすることができるわけです。

また、塔が経文で描かれている絵なんかもあります（次ページの写真）。祝詞とか呪文を潜在意識に刻み込むように描き込む方法です。全部文字で書かれた絵もあります。「金のなる木」というタイトルで、要するに縁起のいい言葉が全部木に描き込んであります。文字の中に絵を描いたりして、もうなんでもありの世界です。

布施　経文で描かれた塔の絵なんかを見ると、『耳なし芳一』の話を思い出してしまいます

塔が経文で描かれた平安時代の文字絵
「金字宝塔曼荼羅」

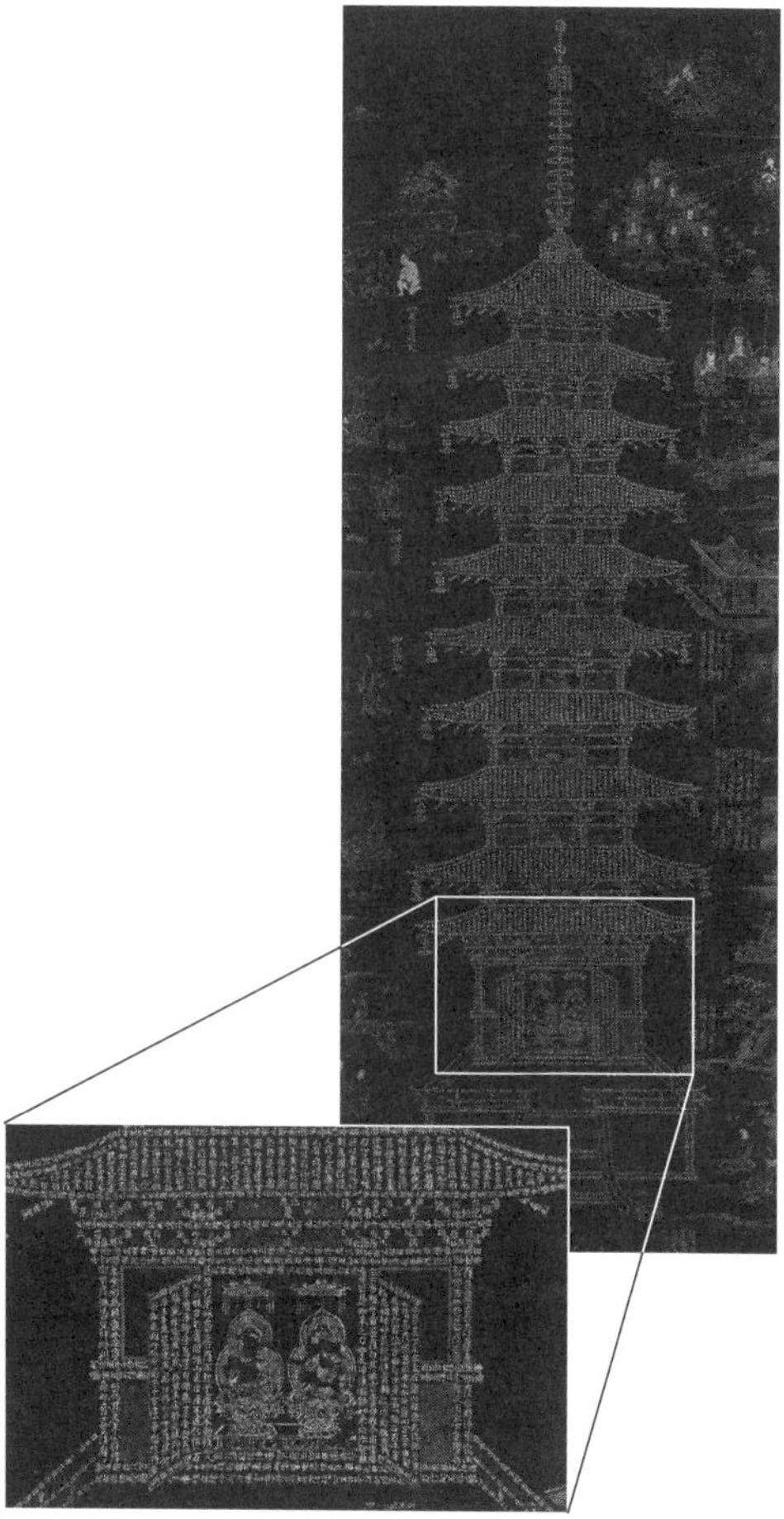

（妙法寺蔵『文字絵と絵文字の系譜』収載）

ね。体中をお経だらけにして、耳だけ描かなかったので取られてしまった。この話を平家の亡霊側から見れば、経文というサブリミナル的に描かれたもののせいで騙された、経文が描かれていない耳だけは本物だった、となります。実はサブリミナルの怖さや凄さを暗示した、ずいぶん象徴的な物語だったとも解釈できそうです。

いずれにしても、サブリミナルの効果は絶大なわけですね。この方法を使って、たとえばパワーが弱いなと思った方角に、その方角の数字とかシンボルを小さく描き込めばいいわけですね。

秋山 そうです。北西ならマルや「1」を、南なら三角形や「3」、南西なら正方形や「8」をさりげなく描き込めばいいのです。すると、その方角のパワーが増します。

城や城壁にシンボルをさりげなく刻む

秋山 同様に、着物などにさりげなく織り込まれた家紋は強いんです。それに非常に重要な意味があります。丸は宇宙、渦巻きは大地、地霊とかかわります。

布施 丸は宇宙の力を引き込むということですから、クロスに似ていますね。

秋山 だから丸とクロスを併せると、島津十字になるわけです。ケルトクロスもそうですね。ただしケルトクロスは、太陽信仰とキリスト教信仰の妥協の産物であるともされています。いずれにしても、丸に十字というのは偶然にも宇宙的な形であると言うことができます。

布施 そうしたシンボルを使って、着るものをその日の気分によってコーディネイトするのも面白そうですね。

秋山 そうです。今日は人間関係を強めたいなと思えば、緑や青、数字は「4」、長方形や円柱の形を、その日着て行く服に取り入れたり、持ち物に忍ばせたりすれば強くなります。目立ちたい、熱意を示したいと思えば、赤、三角形、「3」です。易とまったく一緒です。易が完全な、宇宙のアルファベットになっているのです。それを複雑に組み合わせたような柄もあるのですが、基本的には易で言われている効果とまったく同じことが期待できます。

それらを使って、バランスを取ることもできるわけです。パワーが足りないと思ったら、クロスや丸を持てば、宇宙の力が取り込めます。

また、これは私の友達がイスラエルで買ってきたものですが、丸の中に六芒星があって、その六芒星の中にクロスが刻まれたペンダントです（**下の写真**）。これなんかも、丸にクロスがたくさんあるわけですから、かなり強いパワーを感じるわけです。非常に象徴的です。

世界中に魔よけの呪符やらシンボルがあるのですが、日本で面白いのは、お城の城壁や石垣に魔よけのシンボルがさりげなく刻まれているのが多いことです。これらは石を運んだ職人たちの紋様だとも言われているのですが、私か

六芒星の中にクロスを配したペンダント

らみると、かなり呪術的なことを施しているように思われます。

大阪成蹊短期大学名誉教授の岡田保造氏も魔よけ説を採っています。岡田氏の『魔よけ百科』（丸善刊）を読むと、加賀百万石の金沢城の石垣には五芒星、白虎隊で知られる会津若松の鶴ヶ城の石垣には多数のクロス、佐賀県・唐津城の天守台には五芒星と「井」のような碁盤模様がそれぞれ彫られている実例を挙げながら、全国各地の城郭や寺社には魔よけの刻印が使われたとしています。

五芒星はよく、西洋のお城でも彫られたりしています。岡田氏の本にも書かれていますが、スイス・レマン湖東岸にあるシヨン城には五芒星が、観光の名所になっているロンドン塔には五芒星と六芒星が刻まれていることがわかっています。いずれもよく見ないとわからない場所に刻まれています。昔の人たちがいかに、お城のような特定の空間をゴージャスなパワースポットにするために、いろいろなところに、しかもサブリミナル的に象徴を使ってきたかの現れでもあります。

中東などで見られる手や目も非常に呪術的なシンボルです。マルに点も中東やイスラム圏でよくありますが、あれは「ス」を表しています。つまり中心です。古神道でも同じシンボルが使われます。マルに点を描くことによって、中心とエッジ、全体性を表します。あるいは初めと終わりとか、宇宙の初めと終わり。だからそれを「神の姿」と言う人もいます。

このようにいろいろなシンボルをさりげなく描き込むということが、古い時代から延々と行われ続けてきました。それは魔よけであったり、護符のような力を持っていたり、あるいは自分が住む場所をパワースポット化したりすることでもあったわけです。

バランスを重視したパワースポット化を

秋山氏の話を聞くと、何でもかんでも、これ見よがしにパワーさえ強めればいいというわけでもないことがわかってくる。自宅をパワースポットにする方法でも、その時の調子や気分、それこそ感性に合わせてシンボルを活用すればいいわけだ。肝心なのはバランスであると秋山氏は言う。

そう考えると、ある部屋を方位重視にするか、デザイン重視にするかをタロット占いで決める方法もあるだろう。風水原理主義で方位重視にしたばかりに逆にネガティブな結果をもたらす場合があるかもしれないからだ。週に一回、あるいは毎月一回、タロット占いで足りない方位を探し出し、その方角を補強していくという方法もあるだろう。

要は自分の直感や感性を信じて、自己診断して、自分で決めるのが一番いいのではないか。偏ってはいけないということだ。バランスを取る必要がある、と。

秋山氏は続けた。

◯

秋山 その意味で、先ほどお話しした伊勢神宮は非常によくできています。建物の柱の高さにしろ、門の幅の寸法にしろ、地面に敷く石のパワーにしろ、いろいろないいものが非常に調和して、癖がない場所にしています。癖のない場所に行くと、自分の癖がわかります。癖のない場所に行くと、歪みやいいところがわかるわけです。

だから永遠、普遍的に、我々の、人々の針の目盛のゼロ点を伊勢神宮が示すように設計されたのではないかと思います。

伊勢神宮をパワースポット、パワースポットと言いますが、あそこはゼロ点を示す場所なのです。ということは、伊勢神宮と同じものを自分の家に作っても意味がありません。自分の家はやはり自分のパワーに見合ったものにするべきです。寒々とした家であれば、温かみのある素材を中心にして使い、ロケーションの悪い窓があれば、その窓に明るいイメージのカーテンを使ったり、その窓の方角にいろいろなモノを置いたりすればいいわけです。総合的に見て足りないものを補っていく、そういうバランスを重視したパワースポット化がいいと思います。

お金でバランスを崩さない方法

自宅におけるパワー・バランスの話をしていたら、人生におけるバランスの取り方に話題が及んだ。少し脇道に逸れるが、興味深いので掲載しておこう。

○

秋山 私が借りた倉庫に、亡くなった大田原治男さん（『ＵＦＯと謎の特異日』などの著作があるシンクロニシティの研究家）の蔵書を全部引き取っているのですが、段ボール四〇箱分ほどあるんです。大田原さんはシンクロニシティを研究していた数学者ですが、突然亡くなってしまいました。お金を引き寄せる方法を発見したというのですが、何億円ものお金を引き寄せて、結局バランスを崩して、お風呂の中で死んでいたのです。

布施 やはりバランスが崩れてしまうのですね。

秋山 ええ、お金は特に怖い。お金でバランスを崩します。念力だけで二、三億円を引き寄せるのはそんなに難しくありません。問題は遊び金で一億円を超えちゃったときが危険なんです。本当に、遊び金の一億円がボーダーですね。会社自体のお金が何億もあるっていうのは、全然問題ない。自分個人の遊ぶためのお金が一億円を超えると……。

布施 どうなるのですか。

秋山 まず、体に出てきます。病気になります。

布施 お金で病気になるのですか。

秋山 私たちだって、本を書いていてそれが当たれば、ポーンと大金が入って来ますからね。

布施 そうなると嬉しいですが。

秋山 いや、その時のほうが怖いのです。何かで儲けたとき、いかに他人の怨念を得ないようにするかです。

布施 やはり、怨念をもらっちゃうんですか。

秋山 そりゃもう、皆、嫉妬しますから。

布施 我々の作家業も、まあまあ売れていますよ、っていうあたりがいいのですね（笑）。

秋山 大衆は九つの首を持った九頭竜、またはヤマタノオロチですからね。聖なる龍としての首も持っているけれど、ブラックドラゴンとしての首も持っているわけですよね。怖いのは売れてからなんです。売れると同時に、ブラックドラゴンが目をつけるわけですよ、ホワイトドラゴンもブラックドラゴンも。こっちはね、売れているから、精神的に無防備になるわけです。だから売れてからが怖い。

布施 では、売れたらどうすればいいですか。一応売れてからのことを聞いておこうかな（笑）。

秋山 売れたら、まずね、のんびりすることです。それこそ旅をしたりしてね。物静かにして暮らす。何があっても過敏に反応しない、とか。

また、売れたときこそ仕事を選ぶべきです。売れると仕事は次から次へとたくさん舞い込むのですが、テレビ出演なんかは、そのタレントが飽きられるまで消費し尽すんですよね。一度売れて、飽きられたところから、またもう一度売り出す、そして同時に自分の品位を保っていくことって、ものすごく大変なんですよね。

逆に言えば、今ぐらいのスタンスが一番いいんです。幅広く点数を出版していく方がいいんです、一冊だけがベストセラーになるよりも。一般大衆はそのベストセラーだけを語り続け、著者にそのイメージだけを求めますから、そんなものはいい意味で裏切ってしまえばいいんです。次々と先に行っちゃうのが賢明です。

布施 なるほど。

秋山 先行し過ぎている感覚があっても、また、時代が追いついてくるんですよ。だいたい二十二年周期ですから。私たちは今、二十二年後の総合的な未来の基礎を作っていると思った方がいいです。私は二十二年周期をだいたい二周期経験したわけです。最初の周期のときに、現状が本当に把握できていたとしたら、ほんと、世界征服できたなと思いますよ(笑)。ほんとにそれを知っていて仕掛けていたらね。しかももっとおもしろい仕事がいろいろできたなと思います。

まあ、これが自然なんだなと思います。やはり、四十四年後を作るのも今でありますから。

上級・地流気編

〔第八章〕古代人が見たエネルギーの道

古代人の風水としてのレイライン

ここからは上級編である。周囲の環境が自宅に及ぼす影響について、秋山氏とともに広く考察していきたい。家の中に鬼門、裏鬼門ができてしまうということは、日本や地球全体を家と見立てたときにもやはり、鬼門や裏鬼門のような特異なスポットができる可能性が強いからだ。どのような地形、あるいは環境に家を建てたかも、自宅のパワースポット化に大きな影響を及ぼすだろう。

そもそも家の中をパワースポット化できるのなら、家の外もパワースポットにする方法があるはずである。もしかしたら、古代人がすでに何らかの方法で自分たちの住む場所、地域、あるいは国をパワースポット化していたことも考えられるのではないか。

そう思ったのも、出版社から『あなたの自宅をパワースポットにする方法』というタイトルで秋山氏と本を書かないかと打診されたとき、ちょうどイギリスのレイラインのことを調べていたからだ。

レイラインとは、イギリスのアマチュア考古学者であり写真家のアルフレッド・ワトキンズ（一八五五〜一九三五年）が〝発見〟した古代人が作ったとみられる「直線の道」のことだ。先史時代の遺跡であるヘンジ（土塁と堀を伴う構造物）や巨石遺構（立石、ストーンサークルなど）、石墳、それに丘の上の古い教会などがきれいに一直線上に並び、しかもその直線上には、なぜか「レイ（ley、lay、lei、leigh、leaなど）」という音節が含まれる地名が多くあることがわかったため、レイラインと名付けられた。

その中でも私が特に注目したのは、グラストンベリー・トールという巨大加工丘〔写真〕やエイヴベリーの巨大ヘンジ複合施設を貫く「大天使ミカエルのライン」である。このライン自体は、ワトキンズではなく、イギリスの作家ジョン・ミッチェル（一九三三～二〇〇九年）が一九六〇年代に見つけた。イギリス南西端にあるコーンウォール地方マイケル湾に浮かぶ島「セント・マイケルズ・マウント（聖ミカエルの丘）」から東北東へと約五〇〇

巨大加工丘のグラストンベリー・トール

その丘の上に建つ聖ミカエル教会の塔

キロにわたって続くレイラインで、聖マイケル教会が建っている丘を少なくとも五カ所、直線で結んでいる（次ページの図「大天使ミカエルのライン」）。ミッチェル自身も、このラインが東洋の風水と同じような意味があるのではないかと考えた。

その後、イギリスのダウザー（地下水や貴金属の鉱脈など隠れた物を、棒や振り子などの装置の動きによって見つけるダウジングをやる人）たちが、ダウジングによって「大天使ミカエルのライン」に沿うようにして大地のエネルギーが通っていると言い始めた。その代表格であるヘイミッシュ・ミラーとポール・ブロードハーストが「大天使ミカエルのライン」をダウジングによって検証したところ、大地のエネルギーラインは「大天使ミカエルのライン」の近くを川のように蛇行しているというのだ。ミラーらによると、その蛇行線には明らかに異なる二つのエネルギーラインがあり、それが「大天使ミカエルのライン」に沿ってほぼ平行に五〇〇キロ以上にわたって走っているのだと主張した（219ページの図「大天使ミカエルのラインと陰陽のライン」）。

この二つのラインのうち一つは、ケルト神話に出てくる太陽神ルグ（長腕のルー）に関係する聖地を進み、多くの聖マイケルの教会や礼拝堂を通っている。もう一つのラインは、ケルトの神話の女神の関係する聖地を進み、聖なる井戸や聖母マリアの礼拝堂を通ることが多かったという。ミラーらはこの二つのエネルギーの通り道を、それぞれ「聖ミカエ

大天使ミカエルのライン

イギリス南西端にあるコーンウォール地方マイケル湾に浮かぶ島「セント・マイケルズ・マウント（聖ミカエルの丘）」から東北東へと約500キロにわたって続くレイライン。英国の作家ジョン・ミッチェルが見つけた。

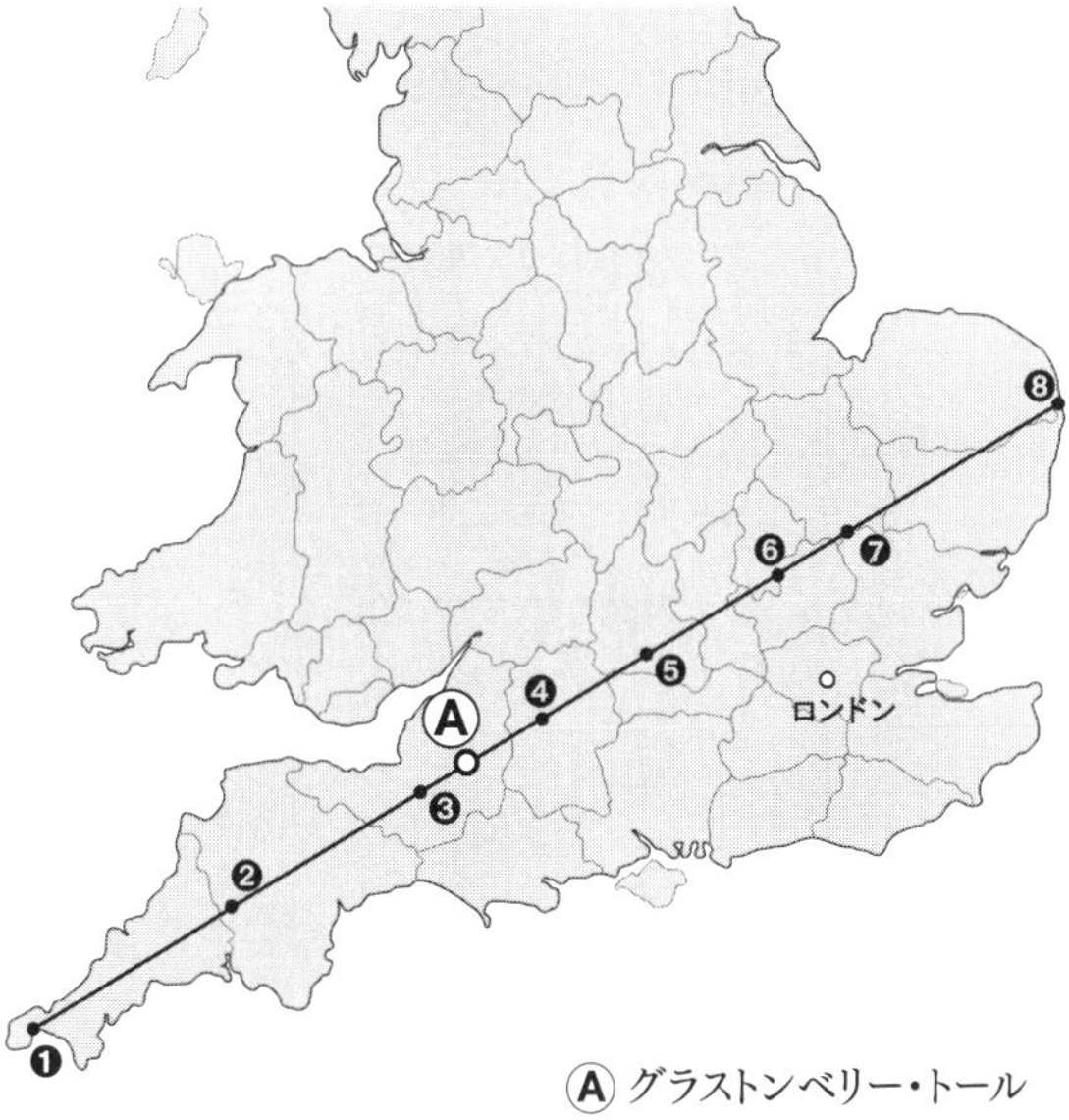

Ⓐ グラストンベリー・トール

❶ セント・マイルズ・マウント
❷ セント・マイルズ・ブレントール
❸ バロー・マンプ
❹ エイヴベリーの大ヘンジ
❺ ドーチェスター・ビッグ・リングス
❻ ワウルズ・バンク
❼ ワンドゥルベリー・リング
❽ ホプトン

ル・ライン」と「聖母マリア・ライン」と名付けた（筆者注：英名はSt. Michael's Lineと「大天使ミカエルのライン」と同じだが、直線ではない別のラインなので、「聖ミカエル・ライン」と訳して区別することとした）。

この二つのラインこそが、大地の陰と陽のエネルギーであるとダウザーたちは言う。大地のエネルギーに男性（陽）と女性（陰）のエネルギーがあり、それがところどころ「大天使ミカエルのライン」上で交わっているというのだ。だがそう主張されても、目に見えないエネルギーの存在を知らない一般人にとってはなんのことかわからない。そんな大地のエネルギーなど存在するのだろうか。

私自身も、そういうエネルギーラインは存在するかもしれないが、実証するのは難しいと考えている。にもかかわらず、ミラーの主張が説得力を持つのは、彼が優秀なダウザーとしてイギリスで信頼されている人物であることもそうなのだが、秋山氏のストーンヘンジでの体験談と妙に符合するからである。

秋山氏は訪英した際、許可を得て一般観光客では入れないストーンヘンジの中央部に立ち入ったことがある。その時秋山氏は、ストーンヘンジの中央から二つの異なる龍、すなわち二つの異なる大地のエネルギーがＤＮＡ構造のように螺旋状に回転しながら空に向かって立ち昇るのを霊視したのだという。最初に秋山氏からその話を聞いたとき、ミラーたちが見つけた大地の二つのエネルギーの話とすぐには結び付かなかった。だが、もし古代人たちが秋山氏やダウザーのように、大地のエネルギーを見たり、感じたりすることができたのだとしたら、なぜストーンサークルをストーンヘンジや、その真北約二八キロの場所にある「サンクチュアリー」に造営したかも、より深く理解できるのではないかと思えるのだ。

秋山氏は、イギリスのレイラインと大地のエネルギーの関係をどう考えているのだろうか。

渦巻きはパワースポットのシンボル

布施 ちょうど私は、イギリスのレイラインについて調べているんです。陰と陽の渦巻き、あるいは蛇行して流れる川のようなエネルギーがイギリスのダウザーたちによって確認されているのですが、特にグラストンベリー・トールという巨大な加工丘の頂上付近でその二つのエネルギーが合体していると彼らは言うわけです。そして、この巨大丘は七層になった階段構造、もしくは渦巻き構造のようになっているというのです（211ページの図「グラストンベリー・トール」）。秋山さんもグラストンベリー・トールへ行かれたんですよね。どう思いましたか。

です。

秋山 グラストンベリー・トールってね、あれ、アーサー王の指紋の形だという説もあるんですよ。

布施 えっ！ そうなんですか？

秋山 で、陰と陽がこう見事に交わっている指紋があるんです。基本的には全部の指が渦巻き紋という人は、究極の霊能者の証明でもあるんですね。出口王仁三郎は全部渦巻きで、かつ、全部真ん中にイボがあったと言われています。その能力者の中に多い渦巻き紋の中にも、ぐるぐると巻いている指紋と、二つの渦巻きが陰陽和合のように重なっているものとがあるんです。その後者が、非常に重要な聖なるシンボルなんです。ですからアーサー王の指紋であったかどうかは別にして、あの丘を加工した人は、その聖なるシンボルの意味を知っていたのではないかと思うのです。

布施 陰と陽が交わる指紋があって、それが特殊な力と結びついている、ということですか。大地にはエネルギーの指紋のようなものがあって、それがシンボルにもなっている、と。

秋山 そうです。そのシンボルは二匹の蛇としてもよく描かれています。本来は二匹のメスと一匹のオスが絡みあっているものだったと聞いたこともあります。一般的に知られているのは、二匹の蛇が絡みあっているものです。その交わっている姿を立体的に描けば注連縄（しめなわ）になるし、断面を描けばグラストンベリー・トールを上から見たような模様になるので

陰陽のライン

ダウザーのヘイミッシュ・ミラーは、大天使ミカエルのラインに沿って陰陽二つのラインが蛇行しているのをダウジングにより発見した。Michael（ミカエル）が陽のラインで、Mary（メリー）は陰のライン。直線が大天使ミカエルのライン。

❸ バロー・マンプ
❹ グラストンベリー・トール

グラストンベリー・トール

ミラーが描いた
グラストンベリー・トールの
頂上付近で交差する
陰と陽のライン
（丘を上から見た図）

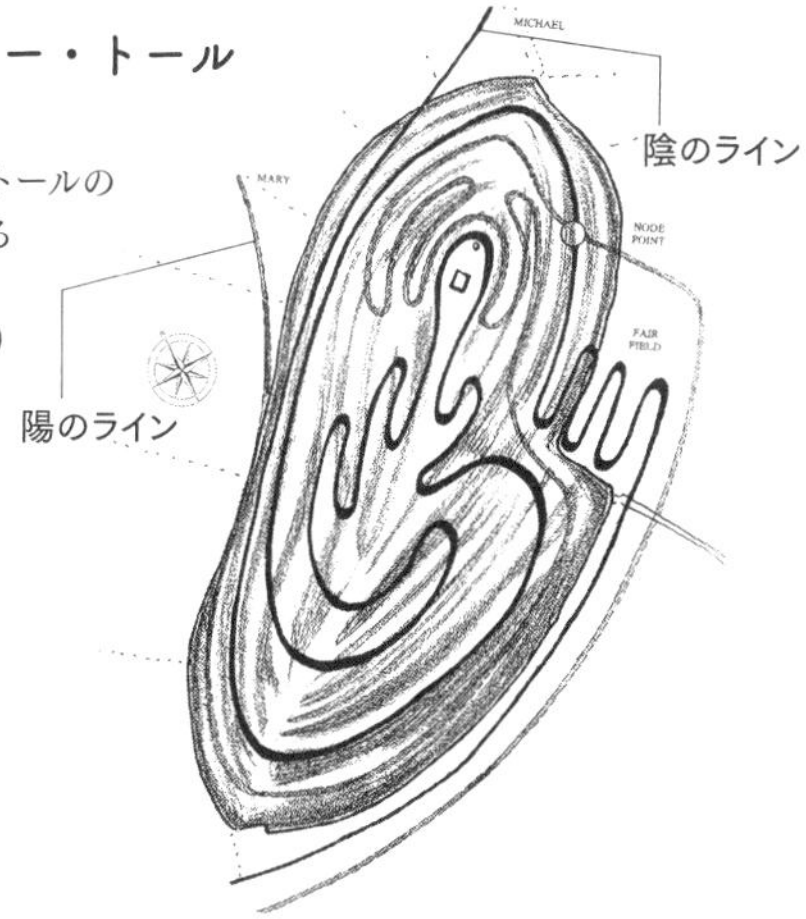

す。いろんなもののシンボルが複合されているんですよ。陰陽を抱きあう蛇とか、アーサー王の指紋とか（下の図）。

布施　それは、二つのエネルギーを合わせることで、よりパワーアップするものがあるということですか。

秋山　父親を表す左手の親指と、母親を表す右手の親指との指紋を合わせるんです。すると、新しいエネルギーができるのです。

布施　新しいエネルギーができる？

秋山　ええ。天と地の合体でもあるんです。グラストンベリー・トールはおもしろい構造になっていますよね。

布施　そうすると、それぞれの大地の陰と陽のエネルギーを、グラストンベリー・トールの渦巻きの中に組み入れて誘導して、あの丘を造ったのでしょうか。それとも、元々ある自然の山に二つのエネルギーが通っていたから聖地となったのでしょうか。

秋山　日本もイギリスも同じなのですが、自然の山を加工して、ああいう形にしたのだと思います。ピラミッド化する、パワースポット化するために。日本では静岡県藤枝市のビク石（標高五二四メートルの山）がそういう構造になっている巨石の山です。グラストンベ

二匹の蛇が絡み合う図

リー・トールも土を削ると巨石が出てくるかもしれないと思っています。

石を使って大地のエネルギーを補強した

布施　それは大地のエネルギーを誘導してくるのですか。それとも、元々エネルギーが強いところに造ったのですか。

秋山　まず、元々あるところを整理して強くする。つまりね、土木灌漑工事、治水工事、都市を近代化していくいろいろな**土木工事をやる過程の中で、石でよくないものを拒絶したり、エネルギーを補強したりしなくてはいけないんです。**カプセル化していかなくてはいけないのですよ。そうしなければやられちゃうんですよ。

日本の場合は各主要道路の脇には木を植えました。都市開発がめちゃくちゃに始まったので、乱れたときには木が枯れるからわかるようにしておいて、そこが枯れたら今度は石で補強する。大体お地蔵さんで補強するんです。本当に日本はよくできていますよ、調べてみると。

布施　やっぱり枯れちゃったりするのですね、大地のエネルギーって。

秋山　ええ、枯れてしまいます。まず乱れると木が折れ曲がって生えます。それから虫が大量に発生します。枯らすほうの虫が発生するんです。要するにバランスが崩れるのですね。

すね。

布施 土地を活性化するために、何かモニュメントを作っていく必要があったというわけですね。

秋山 神社を置いたり、お地蔵さんを置いたり。ご神体はもともと石だったのですから。

布施 石にはそういう大地のエネルギーを強くする力があるのですか。

秋山 あります。かつ、周りの風水害をシャットアウトします。だいたい深成岩、深いところから出た花崗岩を使うのです。またはメノウの石とか、硬石膏とか、クリスタルが大量に含まれているものを使うんです。花崗岩は長石と石英――石英は結晶すると水晶となります――それと雲母の合体系なんです。日本では昔は墓石がほとんどそれで作られていますね。

南米では、呪術師が身に付けたと思われる雲母を貼って土で焼いた、結構大きなペンダントが見つかっています。未だに装身具は金泥など、金で巻いたり、金の代用品としてよく使われたりしているのが雲母です。これは悪いものを跳ね返す、拒絶するという、鏡のような効果があるわけです。

水晶はそこにこめられた良い願いを増幅します。建造した人の思いを増幅するわけです。長石っていうのは大地の力を吸収して安定させる。たとえばムーンストーンなんていうのは長石の一種。パワーストーンです。ラブラドールライト、アベンチュリンなんていうのは、緑色の雲母が水晶の中に入っています。あとフクサイトという雲母をいっぱい含んでいる緑色の石。これはインドから出ます。これらもパワーストーンですね。

天と地、円と方、太陽と蛇

布施 悪いものを寄せ付けないという雲母が入っているから、パワーストーンになるということですね。きっと昔の人はそういうことをわかっていたんですよね。ストーンサークルの中にもサラセン石とかブルーストーンとかが使われています。あれらはどういった力を持っているのですか。

秋山 ストーンサークルの中央部に配置されたブルーストーンという石は、やはり水晶の一種なのですね。青い石英の一種。まあ、あれは霊的な力を護持する。霊的な力を宿らせる。主に芯を入れる石ですね。それは神様と言ってもいいし、心と言ってもいいです。まあ、霊を宿らせるということです、古い言い方をすればね。

布施 秋山さんがストーンサークルの真ん中に立ったときに、二匹の龍が螺旋状に、まるで絡み合うように昇って行ったのを霊視したと言っていましたね。それはどう回っていたんですか。ＤＮＡの螺旋構造のようだったのですか。

秋山 そうですね。ＤＮＡの螺旋構造のように、上に上がっていく感じでした。

布施 それは龍なんですか？

秋山 ドラゴン。

布施 西洋のドラゴンですか。

秋山 そう、西洋のドラゴン。

布施 巨大な龍、ドラゴンが交差しながら螺旋状に昇っていったと。

秋山 そうです。

布施 それはどちらかが男性で、どちらかが女性、つまり陰と陽のドラゴンですね。

秋山 そう、陰と陽です。ストーンヘンジもグラストンベリー・トールも同じ構造になっているんです。

布施 ストーンサークルやエイヴベリーの巨大サークルには、アヴェニューといってサークルの出入り口に直結している道が造ってあります。巨石や土手で囲われた道で、一種の参拝道ではないかとされています（次ページの図「ストーンヘンジのアヴェニュー」）。あれなんかはやはり、大地のエネルギーを引き込むために造られた感じがします。

秋山 そうです。

布施 ヘイミッシュ・ミラーというイギリスの有名なダウザーが、「大天使ミカエルのライン」といって、イギリス南西端にある最果ての地ランズエンドの方からずっと五〇〇キロ

ストーンヘンジのアヴェニュー

トーンヘンジの北東の方角にはアヴェニューと呼ばれる道が造られている。

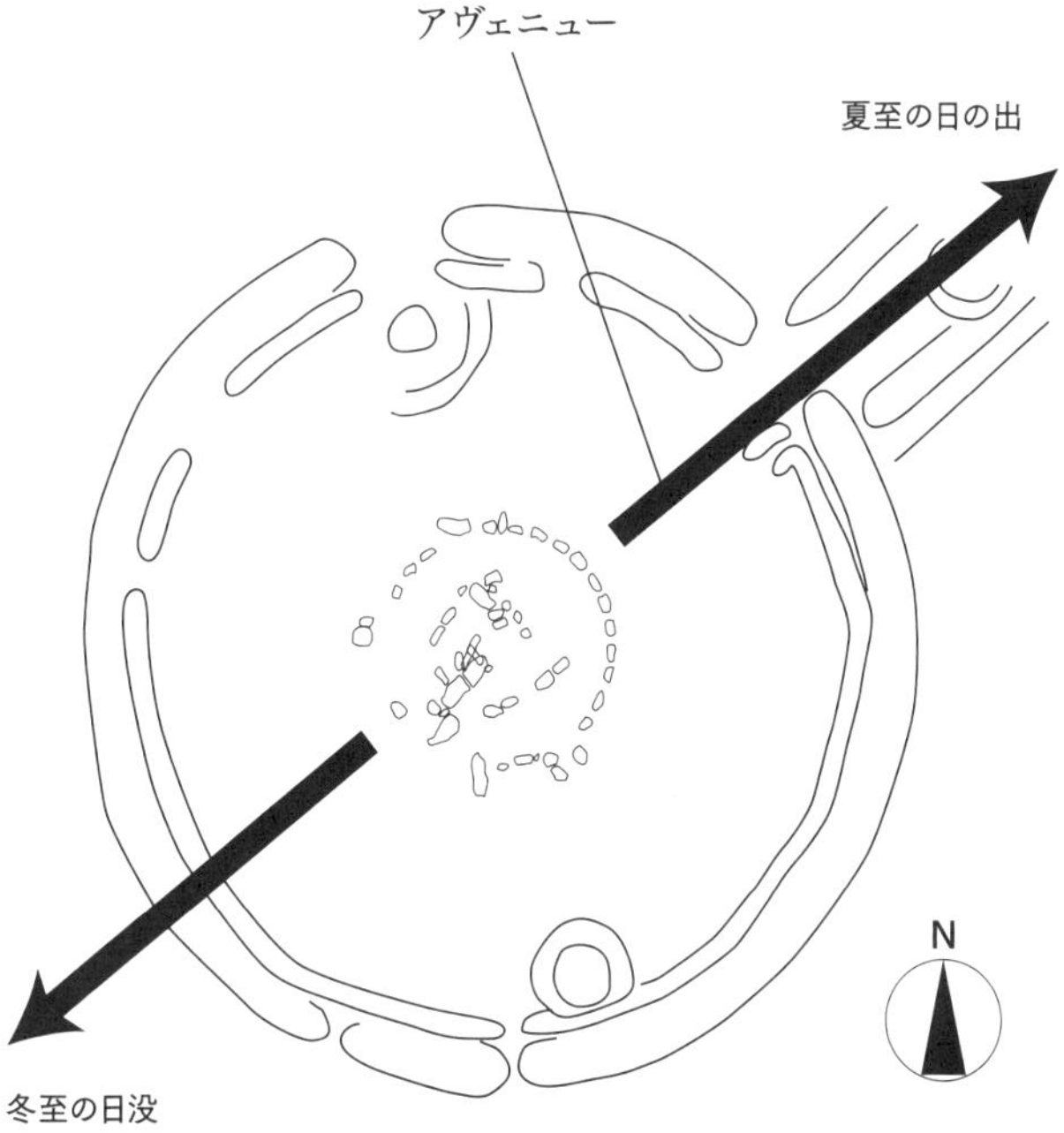

ぐらいのラインに沿ってダウジングしていったんです、もう一人のダウザーと一緒に。『*The Sun and the Serpent*（太陽と蛇）』という本に書いてあるのですが、彼らがやはり、直線のラインに沿うようにして蛇行する二つの異なる大地のエネルギーをダウジングで発見したというんです。その二つの陰と陽のエネルギーが交わる点がまさに、グラストンベリー・トールの丘の上であり、エイヴベリーの巨大ヘンジであった、つまりその交点を結ぶと「大天使ミカエルのライン」になるというのですね（次ページの図「大天使ミカエルのラインと陰陽のライン」）。

秋山 そう、だから西洋では、大地の力が蛇の象徴だったわけです。宇宙の力が太陽だったわけです。太陽と蛇です。元々宇宙の力は円で表れて、大地の力は四角で表されたのです。日本の古墳も前方後円墳と呼んでいますが、本当はまさに天円地方で、あれも天と地、陰陽の和合を表しているんです。

布施 古墳もそうなんですか。パワースポット化しているわけですね、まさに陰陽和合の地。

秋山 そう、天円地方。易では円は宇宙（乾（けん））を表して、方形は大地（坤（こん））。乾坤一擲（けんこんいってき）の「乾坤」ですね。坤は裏鬼門でもあります。

布施 昔の人はそういうことをよくわかっていたということですね。国土をパワースポット化する方法を知っていた、と。家の中のパワースポット化が初級編なら、これは上級編に

大天使ミカエルのラインと陰陽のライン

ミラーが描いた図。大天使ミカエルのライン上で陰陽のラインが交差している。

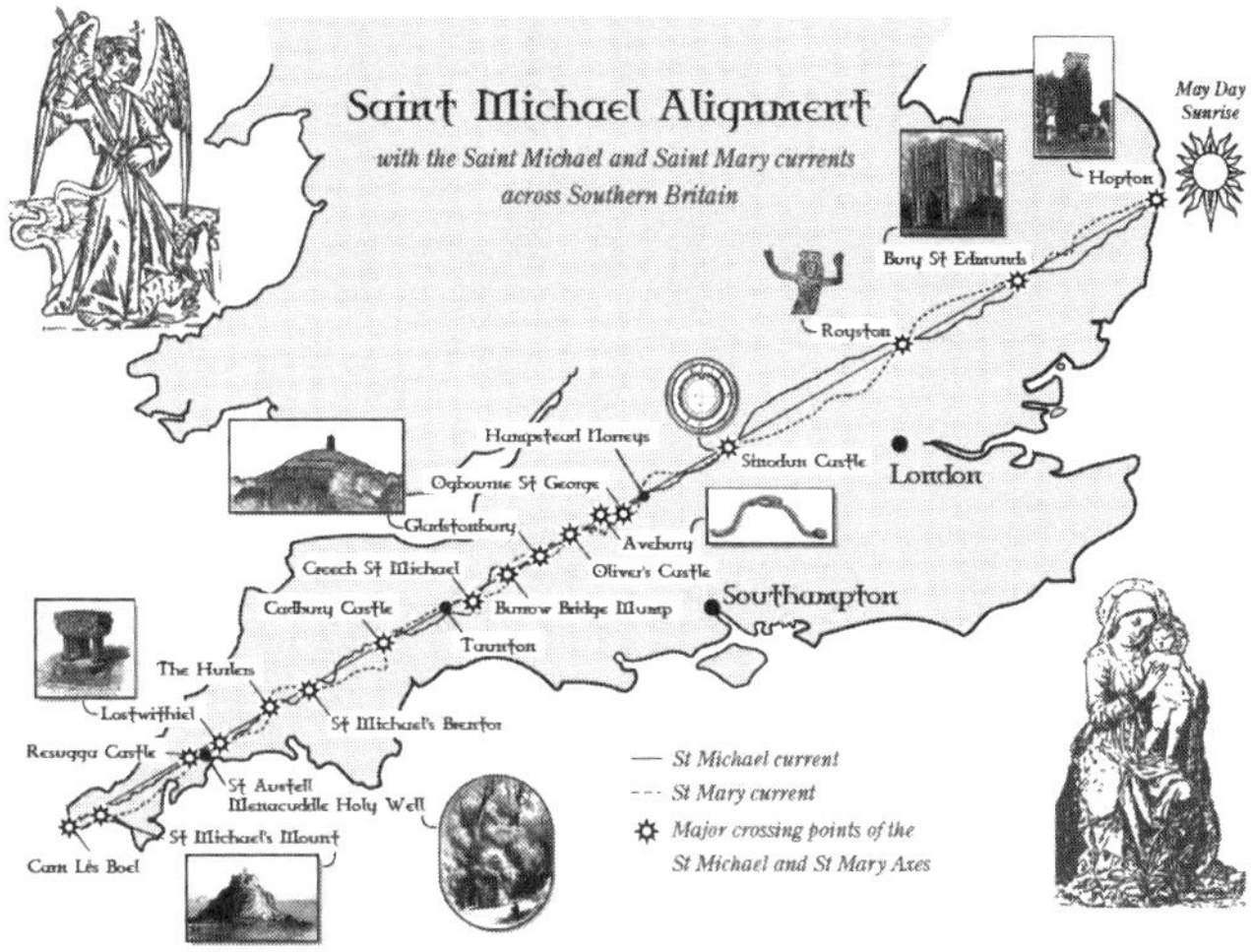

（『*The Sun and The Serpent*』より）

なりますね、きっと。

秋山 日本でもかつて、官僚の一部で「日本霊的防衛計画」というのが本当にあって、いろんな能力者を使って、日本各地にそういう処置を施そうっていう動きがあったんです。私もかかわったことがあります。

布施 そんなことをやっていたのですか。

秋山 今は昔の話です。

高みを結んだ場所がパワースポット

布施 今私が書いている本では、古代人の測量技術がものすごいんですよ。欧州最大の先史時代の人工丘シルベリーヒルをどうやって造ったかということを調べると、丘と丘を結んで、その交点で作っているのですね。しかもきれいに南北や東西一直線に並べるようにしたりして、ものすごい測量技術を持っていたことがわかってきたのです。それに加えて、大地のエネルギーを引き込むという霊的な作業もやっていました。

秋山 丘と丘を結ぶというのは、高みと高みを結ぶということであって、高みと高みを結んだ交差する点が一番パワーが強いんですよ。これは、例のカタカムナ文明（物理学者の楢崎皐月が提唱した、先史時代の日本に存在したとされる超古代文明）がそのことを説いているわけですね。

布施 ああ、カタカムナ文字にも書かれていたのですか。

秋山 東京でも昔から権力者や大物が住んでいた場所というのは、尾根沿いなんですよ。高み沿いに。東京の春日通りなんて全部尾根ですからね。

布施 なるほど。尾根って植物の生長にもいいですものね。

秋山 高みと高みを結ぶ。

布施 高み結び、それが日本神話に出てくるタカミムスビノミコト（高皇産霊尊）の正体か。すると彼は風水師だった可能性がありますね。

秋山 そう、タカミムスビ。

布施 パワースポットを作る風水――古代日本人もわかっていたんだ。そういえばイザナギとイザナミが国生み神話で聖なる柱の周りを右回転したり左回転したりしますが、あれも同じではないでしょうか。陰陽のエネルギーの和合の仕方。昔の人は、今のわれわれより、スピリチュアル的にはもっといろいろなことを知っていたのですね。

秋山 昔の科学は体験主義だったんですよね。今の科学は実証主義だから、体験主義ではないわけです。体験が先行して論争することと、論理が先行して実験することは、やはりプロセスが違うわけですよ。仕組みを考え方として解明するということが、先行してしまっているわけですが、それだと謎は謎のままでそこで止まってしまいます。謎は謎のままでいいから、使える力を引き出そうというのが体験主義です。かつての日本は体験主義だったんですけどね。

布施 その古代人の話ですが、秋山さんはエジプトのピラミッドを造った人たちがユダヤ人だと以前話していましたが。そうなんですか。

秋山 基本的にはそうです。まあ、今のユダヤ人とは違いますが、古代ユダヤ人とでも言いましょうか、原始ユダヤ人です。

布施 ヘブライ系というか、アラブ系の顔をした人たちでしょうかね。彼らは宇宙人からいろいろな技術を聞いていたのでしょうか。神に選ばれた民だと信じていたわけですからね。何かあったと思うのです。

秋山 たぶん、そうでしょうね。宇宙人を理解しやすい脳の構造を古代ユダヤ人が持っていたということだと思います。それが良い側面も悪い側面も同時に存在したということでしょう。

高圧線と穢れ地には要注意

布施 住む場所を選ぶときに、風水上注意しなければならない場所がいくつかあると思うのですが、たとえば高圧線がそばにあるとどうなってしまうのでしょうか。

秋山 高圧線の下は、ある種の霊的な性質が強くなります。でもその代わり、精神的には不安定になってしまいます。体質や年齢によって受ける影響は違いますが、日常的にだるくなったりします。眠りが深くなってしまうからです。心身がおかしいなと思ったら、すぐに引っ越すことです。建物を変えるだけでも、だいぶ違います。そうでないと、日中は人の気で参ったりします。満員電車に乗ったりすると、もう大変です。

布施 霊的能力は開眼するかもしれないけどそれだけ過敏になってしまうのですね。そうした体によくないエネルギーって、高圧線のほかにもあるのですか。

秋山 あとは先ほど言ったように、低みと低みを結んだ線上ですね。高みと高みの逆で、谷と谷とを結んだラインです。そういった場所では、かなりエネルギーは落ちます。要するに穢(けが)れ地(ち)ですね。

布施 穢れ地にいるとどうなるのですか。

秋山 完全に気が涸れていってしまいます。で、周りに黒っぽいカビが生えます。アリなどがいっぱい群がって巣を作ります。ジメジメして、変な臭いもします。谷と谷を結んでいますから、その地下には必ず、腐った水脈があります。その地下が下水の最終点だからです。すると、そういう不浄なモノのエネルギーが水に転写されて地表に上がってくるわけです。

布施 東京の渋谷なんかは谷だから、結構大変なのではないですか。

秋山 渋谷は大変です。六本木周辺もそうですが、渋谷や六本木はわざと人を集めるようにして、徹底して綺麗にしているんです。

布施 ああ、なるほど。人のパワーで一種のお祭りをやりながら、浄化しているわけですか。そういえば、ＪＲ渋谷駅のそばの下水の近くではひどい臭いがする場所が一カ所あります。そこだけは人もあまり通らないし、浄化もされていない感じですね。ハチ公側から東急百貨店にかけては人が多いので気にならないのですが……。

秋山 そういう場所にはあえて、若い女性たちをいっぱい集めなければならないのです。エネルギーが余っている若者の街にすれば、それで自然にバランスが取れるわけです。人のエネルギーで浄化する。若者は気が澗れるくらいでちょうどいいですからね。エネルギーが余ると暴れちゃうから（笑）。

布施 ちょうどいいバランスになるわけですね。ところで、そういう気が澗れてしまうような場所を、パワースポットの反対語として何と呼ぶんですか。

秋山 ダークスポットです。だいたいパワースポットに隣接して、入れ子構造でダークスポットがあります。交互にパワースポットとダークスポットが存在している。でも、ダークスポットのある場所はむしろ、大地のエネルギーが偏って強いとも言えるのですね。

だからそういう場所に高い塔を建てるという方法もあります。そうすると、一気にマイナスのものがいなくなる。墨田区の押上近辺がそうです。東京スカイツリーができて、だいぶ変わったはずです。港区の東京タワーも同じ効果があったと思います。品川、お台場辺りもそうです。ああいう所は、高い塔を建ててしまえばバランスが取れます。

布施 お台場の高層ビルもスカイツリーの建造もよかったということですね。

秋山 そうです。ただし、そういうものを建てた人の思いがその地元を支配するという傾向もあります。だからどういう意図で建てたかも重要になってくるわけです。ちょっと気持ち悪いけどね。たとえば、地下部分から測ると、高さ六三四メートルではなく、六六六メートルという高さだったとか。

布施 六六六って、『新約聖書』の「ヨハネの黙示録」に出てくるというだけで、そんなに悪い数字なのでしょうか。

秋山 まあ、それを信じている人たちにとっては、意味のある数字になるわけです。

布施 すると、それを信じる人がどれだけ多いかによって、意味が良くもなったり悪くもなったりするわけですね。潜在意識の多数決みたいなものですね。

古代人は大地の「気」を読んで聖地を築いた

布施　イギリスのストーンヘンジの話に戻りますが、ちょうど夏至の日の太陽が昇る方向に要石（かなめいし）のようなヒールストーンがあり、そこからアヴェニューという古代の道が築かれています。で、地図でよく調べてみると、その地域で一番高い山から日が昇るのが見える、夏至の日の出ライン上にストーンヘンジが造られていることがわかったんです〔左の写真〕。

しかもさらに調べると、その地域で一番高い山と二番目に高い山を利用して、ストーンヘンジの複合遺跡とそこから三〇キロ弱ほど離れたエイヴベリーの複合遺跡が築かれていることもわかりました。私が次に書く本で詳しく説明するつもりですが、高みと高みを結んで人工マウンドを造ったりして、実に精緻に二つの巨大複合施設を造ったんです。

一つだけ具体例を挙げると、ストーンヘンジの真北にエイヴベリー複合遺跡のサンクチュアリーという聖地があるんですが、かつてはそこにストーンヘンジと同程度の大きさのストーンサークルがあったことがわかっています。二つの巨大複合施設のそれぞれは、すべてが意図的に配置さ

イギリスのストーンヘンジ

れていたことがはっきりしてくるんです。

秋山 なるほどね。もしかしたら星座の形に配置したかもしれませんね。

布施 そう、ギザの三つのピラミッドにもオリオンの三ツ星説がありますが、イギリスの古代遺跡にもオリオンの三ツ星を思わせる巨石やヘンジ群は多くありますね。ヨーク州のデヴィルズ・アローズとか、ソーンボローのヘンジがそうです。

それを考えると、古代人は測量や土木建築技術だけでなく、大地のエネルギーがどう流れているかとか、パワースポットはどこかとか、よくわかっていたことになりますね。でも、いつごろから大地のエネルギーに鈍感になっていったのでしょうか。

夏至の日の出の線上にあるヒールストーン

秋山 日本では、八世紀末から始まった奈良・平安時代ぐらいからではないかと思います。そのころからわからなくなってきたのではないでしょうか。奈良・平安時代は、日本中に絢爛豪華な寺院や神社がわーっと建てられた時期なんですよ。加えて雅な十二単（じゅうにひとえ）や絵巻物などキンキラバブルみたいなのが始まったんです。だから浮かれてわからなくなってしまったのでしょうね。

布施 バブルで失うものは大きいですからね。目先に踊らされて、大事なことが見えなくなってしまう。経済史を見ても、キンキラの超バブルは何度も来ています。本質を外れて、浮かれ興じる。

秋山 だから今ある、有名なお寺や神社はほとんどがそのころの建立ではないでしょうか。今でこそ剥げ落ちて朽ちた、あるいは古い木の色になっていますが、朱色や金箔などで極彩色に彩られていたでしょう。日光東照宮のように派手だったのではないかと思われます。で、やはりそれが、わびさびに戻るみたいなことの繰り返しがあったわけです。

布施 昔も今もそう変わりませんね。浮かれた後、バブルが崩壊し、教訓を学び反省する。そして教訓を忘れたころにまた浮かれて失敗する。

マイナスの大地の気を防ぐ方法

布施 谷と谷とを結んだマイナスの気のライン上にある家に住んでいる人たちはどうすればいいのですか。

秋山 まずはカーペットです。**カーペットを複雑柄にするんです。中東のペルシャ絨毯（じゅうたん）みたいな柄にする。そうすることによって、大地からのよくないエネルギーをシャットアウト**

します。本当は、鉄鉱石を周りに置くのがいいのですが。

布施　秋山さんの以前の事務所がまさにカーペットの下に隕石の粉を蒔いていましたが、あれは気を良くするためだったのですね。

秋山　そうです。**隕石とか、鉄分の多い石、黄鉄鉱でもいいんです。黄鉄鉱は安価ですから、ああいうクズ石の鉄鉱石を地面に敷くことです。**あとは石英を使う方法もあります。水晶の親玉みたいな白い石です。丸くなった花崗岩みたいなものでもいいのですが、それを玉砂利のように敷くんです。悪いエネルギーのところはそういう措置をする必要があります。

布施　その谷と谷とを結んだラインというのは、蛇行しているのですか、それとも直線なのですか。

秋山　結んだラインだから直線です。いくつもの谷と谷を結んで、それでたくさんの交点ができる場所はまず栄えるのは難しいと思います。人は住めないかもしれない。病気、事故、殺人事件など、なんでもありの場所になってしまいます。

布施　そういう場所にいると変調を来(きた)してしまうんですね。

秋山　それはもう凄いですよ。あと、非常に危ないのは尖ったマンションです。最近のマンションは南側を広く取ろうとしてL字型というか、カクカクと鋭角の出っ張りをいくつも作る場合がありますす、城塞のように。その一番尖ったところの裏側の部屋は、だいたい自殺者が出やすくなります。

布施 自分のエネルギーまでもが尖ってしまうのでしょうか。

秋山 とにかく、かなりきつい。敷地そのものも、鋭角な三角地帯はまずいです。ですから、今までお化け屋敷とか変なものが出る家を調べると、ショートケーキのような鋭角な三角地に家を建てていたりするわけですよね。それはとても危険です。

布施 やはり区画整理して碁盤の目にするのは意味があったというわけですね。

秋山 昔から都市開発を碁盤の目のようにやるというのは、中国の古都長安（現在の西安）の時代からありました。平城京の奈良や平安京の京都もそうだし、安倍晴明みたいな陰陽師たちが活躍したわけです。やはり都市というのは、激しく鋭角にしたり、凸凹を作ったりするのはよくないんです。

布施 聖徳太子が瞑想したという夢殿が八角円堂であるのも、理由があったわけですね。それにしても、谷と谷を結んだライン上に住んでいると、病気になったり死んだりする人が本当にいるということですか。そういう危険な場所に住んでしまったら大変です。

秋山 それは防御するしかないです。

布施 防御すれば問題はなくなるのですか。

秋山 本当は家を建てる前に、炭と石灰の層を重ねて、つまり伝導体を層状に交互に埋めることです。それをしっかりやることです。八方位すべてにそれをやる。その後に、家の中心部や柱の下に鉄鉱石を埋めます。それに複雑な模様のカーペット。そうすれば完璧なんですけどね。

布施 秋山さんの家はそういうことをやったのですか。

秋山 すべては網羅しませんでしたね。でも、土地自体が高みにあるのでそれでよかったのです。ただ、玄関がピッタリ、鬼門なんです。そういう場合は玄関から入った突き当たりに強いものを置きます。だから三峰山の犬の彫像を置いたりしています。朝鮮人参とかね。朝鮮人参も強いです。あれは破邪（はじゃ）なんです。本来は南のものですが、鬼門封じに朝鮮人参は使えます。私はほかに韓国の唐辛子をぶらさげたりします。

タカミムスビは風水の神であった

読者のみなさんの中には、俄かには信じられない人がいるかもしれないが、この大地には目に見えないエネルギーが龍脈（りゅうみゃく）のように通っている。約五千年前に建造されたイギリスの巨大な巨石複合遺跡や「大天使ミカエルのライン」を調べれば調べるほど、その感を強くする。彼ら古代の測量師兼風水師たちは、大地にエネルギーの強い場所を見出し、その「大地のツボ」とも呼べる聖なる場所に巨石建造物や人工のマウンド、あるいは加工丘を配置していったのである。

その一つの方法が高みと高みを結ぶという「タカミムスビ」であったわけだ。ご存知のようにタカミムスビノカミは、記紀神話の天地開闢（かいびゃく）の際に万物生成の根源となった神として登場する造化（ぞうか）の三神（さんじん）の一柱だ。この三神自体を大地のエネルギーと見なすこともできるが、私はタカミムスビこそ、大地のエネルギーを読むことのできる風水師であり、治水や灌漑に必要な測量ができる技術者であったのではないかと思っている。

その根拠として、タカミムスビは造化の神とされながらも、実は記紀神話の天孫降臨や神武東征の際には人格神として出て来るからだ。つまりタカミムスビは、役職もしくは技術職である可能性すらあるのである。天皇を守護する神祇官八神として八神殿（はっしんでん）に祀られていることも官職を示唆している。ちなみに「正統竹内文書」の口伝継承者竹内睦泰氏によると、タカミムスビは審神者（さにわ）長のような官職名であったという。

このことから類推できることは、古代においては日本にもイギリスにも大地のエネルギーを読むことができる風水師が存在したということである。少なくとも五千年前には既にイギリスに測量師兼風水師は存在した。そして、この日本においても神武東征以前のはるか昔から風水師がいたことが神話の中に盛り込まれているのである。

〔第九章〕パワースポットと三つの地流気

聖ミカエルの意味は陰陽の和合

現代においても、大地のエネルギーを読む風水師は存在する。秋山氏もその一人だ。秋山氏の目には、この地球の大地をうねるように流れるエネルギーがどのように映るのであろうか。

イギリスのレイライン「大天使ミカエルのライン」や、陰陽のエネルギーラインとされる「聖ミカエルのライン」を例に挙げながら、秋山氏の意見を聞いてみた。

◯

布施 キリスト教でいう聖ミカエルとは何の象徴なのですか。

秋山 あれはドラゴンを退治した天使です。シンボル的には剣ですが、ドラゴンと組み合わさっているものとは、陰陽和合の象徴でもあるのです。

布施 ミカエルというとルシファーを破って地の底に封じ込めた、つまり異教徒を破ったキリスト教文明の象徴みたいに思っていましたが、陰陽和合の象徴でもあるのですか。

秋山 **陰陽和合したポイントに生じる第三の力があるのです。それがバランスを取る力で、そういった力が発生するんです。それが聖ミカエルです。**

布施 ミカエルは、力なんですか。

秋山 ええ、だからミカエルは軍神なのです。日本の漢字で武力の「武」というのがありますが、「武」は戦いという意味ではありません。二つのものを止めるという意味です。あれは「弋」という字と「止める」という字の組み合わせですから。で、まさしく**聖ミカエルが象徴する土地とは陰陽和合の土地なんです。**

布施 二つのエネルギーが戦うのを止めて、バランスを取るということですか。

秋山 まさしくそうです。戦いには「戦」という言葉があるわけですから、「武」は止めてバランスを取る力のことなのです。日本は大陸に武力侵攻したというけど、あれ自体日本語は間違っています。本来は止めに入ったという意味になりますから。止めに入ったのなら「ありがとう」と言われているはずですよね。**本当の武力とは戦いを止める力なのです。**「武」は単に止める力、和合の力です。

布施 イギリスの有名なレイラインである「大天使ミカエルのライン」上に並ぶ聖ミカエル教会には、そういう意味があったのかもしれませんね。

秋山 だから私は、「和武」という言葉があっていいと思うんです。和して止める力。

布施 すると、聖ミカエル教会で結婚式を挙げるといいことになりますね。異なるエネルギーの和合の象徴なのですから。

秋山 元々西洋の教会だって、そういう場所に建っていたはずです。気のよい場所に教会を建てたはずです。

地球には三種類の地流気が流れている

布施　「大天使ミカエルのライン」は、まさに丘の上の聖ミカエル教会を結んだラインです。つまりタカミムスビのラインであったわけです。もちろん聖ミカエル教会は、キリスト教が入って来た後に、ケルト、もしくはそれ以前のイギリスの先住民の聖地に築かれた教会であるとの見解を私は持っています。その一方で、このラインに沿って、二つの別のエネルギーが通っているとイギリスのダウザーたちは言っているわけです。ここに何かヒントがあるように思うのですが。

秋山　なるほど、わかりました。まず地球全体を覆うように地流気というエネルギーの流れがあって、それには三種類あるんです。三つの宇宙の交点ということにかかわってくるのですが、ここではそれには触れません。で、この三種類にはまず、「炎(えん)」の地流気と「勇(ゆう)」の地流気という大きな二つがあります。「勇」の地流気は、これは常に東から西に流れています。そういう大きな流れが全体の中であります。「炎」の地流気は北から南に流れていきます。これは地球そのものの気というよりも、宇宙に流れている気に近いです。

布施　宇宙に流れている気ですか。

秋山　北極星の方角からさそり座のアンタレスの方角へと流れています。正確に言うと南北から少しずれます。でもだいたい北から南へと流れる気があって、地流気ではあるけれど、実際には宇宙の気に近いです。
　で、その二つとは別に、斜めに流れている、鬼門から裏鬼門へと流れている大地の気があるんです。
布施　それは何と名付けたんですか。
秋山　あえて名前を付けていません。
布施　その鬼門から裏鬼門に流れている地流気にはどのような働きがあるのですか。
秋山　これは「勇」の地流気と「炎」の地流気の合体形なんです。
布施　すると、それは和合のエネルギーである聖ミカエルのような感じだということですか。
秋山　そうです。第三のエネルギーということです。
布施　確かに大天使ミカエルのラインは鬼門と裏鬼門を結んだラインのように、北東から南西へと伸びています。
秋山　そうでしょう、それが第三のエネルギーの流れです。
布施　実に面白い。
秋山　うまくできているんですよ、大天使ミカエルのラインは。

布施 家の中の風水で、東から西へと流れるのと、北から南へと流れるのと、あと鬼門、裏鬼門をチェックするというのは、地球全体を流れる三つの地流気の縮図が家の中にあるからということになりますね。

秋山 パックス・アメリカーナ（アメリカ支配による平和）という言葉がありますが、その「パックス」という語源を調べたことがあるんです。すると、ローマ神話に登場する平和と秩序の女神で、キリスト教と結びついた、聖母マリアとかの女神のことだとわかったのです。キリスト教には女神がいてはいけないのですが、一応パックスとか聖母マリアとか女神がいるんですよ。

このパックスのシンボルですが、Ｐという字の下のところにＸが重なっているものなんです（下の図）。それを掲げている教会もあるくらいです（布施注：参考までに、救い主の意味であるヘブライ語の「メシア」をギリシャ語で「ΧΡΙΣΤΟΣ」＝クリストス＝と表することから最初の二文字を取ったとの説もある。いずれにしてもＰＸでパックスと読む場合が多い）。

で、ＰとＸとの交点が象徴しているものこそ、まさに三

ＰとＸが合体したパックスのシンボル

つの気が交わる和合の地であるように思うんですね。Xの斜めの線が聖ミカエルのエネルギーというわけです。

布施 やはり碁盤目状に都市開発したり、「大天使ミカエルのライン」を造ったりしたのは、そうした地球の地流気を読む達人がいたからだということになりますね。

受け継がれた世界共通の風水ルール

布施 キリスト教の聖ミカエルで思い出すのが日本神話に出てくる白山菊理媛ですが、これは同じ神ではないですか。和合の力を表す神。

秋山 そう、だから白い神という信仰は世界中にあるのです。白い女神の信仰、それがパックスです。『魏志倭人伝』には卑弥呼が「鬼道(きどう)をよくした」と書いてありますね。「鬼の道」ですよ。鬼の道とは何かというと、それは鬼門を操る女神と合体するからなんです。卑弥呼はパックスそのものなんです。生き神様としてのパックスなんです。

布施 ヨーロッパではキリスト教が入って来た後にも、そういう鬼道のことがわかる人がいたというのは意外ですし、面白いですね。

秋山 逆にキリスト教がそういうものをつぶさに研究して、吸収していくのです。それでキリスト教に従わない民族が奉じている神様を全部悪魔にしてしまいました。牛の神様バールも昆虫の精霊ベルゼベルも植物の神様たちも全部邪教扱いにしてしまった。そしてキリスト教が入って来る前からあった女神信仰の女神を、あるときは聖ミカエルと呼んだり、あるときは聖母マリアと呼んだりした、というのが真相ではないでしょうか。

布施 呼び方を変えながら、吸収していったわけですね。

秋山 イタリアのフィレンツェの山の上に古い聖堂があるのですが、元々は巫女(みこ)さんたちがいた古い時代の城だったんですね。それを上から塗りつぶして教会にしているんです。

布施 それにしても、イギリスの大天使ミカエルのラインを調べると、あの巨大な丘は全部人工物のように思えてくるんです。

秋山 それはそうです。全部人工です。

布施 少なくとも巨大な丘を加工して、螺旋構造というか、階段構造状の祭壇にした感じがします。グラストンベリー・トールなどは、巨大な丘に七層の階段構造があるんです。グラストンベリー・トールの丘自体が空から見ると鬼門、裏鬼門の方角に楕円形に造られているし、人工でなければ、ほかの丘の上にある聖マイケル教会があのようにたくさん真っすぐに並ぶはずがない。

秋山 世界的にそういう価値観があったんです。だからどんなに政権が替わろうが、人がいなくなろうが、新しく入った人はそのルールを守ったのです。そうしないと栄えないから。

布施　風水のルールを吸収・消化して、そしてそれを守ったということですね。

秋山　だから結果的に、世界的に同じルールが残っていったのです。普遍的なものは必ず生き残る。そこに建っている教会がお寺になったり神社になったりすることはあるかもしれないけれど、そこに聖なる場所の目印があることには変わりないわけです。

勇と炎の地流気の働き

布施　ところで、勇の地流気にはどのような働きがあるのでしょうか。

秋山　勇の地力というのは、その人の霊性に栄養を与えます。

布施　霊性に栄養？　勘が鋭くなるとか？

秋山　そういうこともありますが、霊そのものの酸素みたいなものです。で、炎の地流気というのは、体の熱とか、より肉体寄りのパワーです。熱を上げるとか。

だから朝、太陽に向かって自分の手の平をかざしたり、額に太陽の光を浴びたりするのは、勇の地流気をいっぱい吸収することになるわけです。日の出の時に勇の地流気は東から西へと最も多く流れます。

逆に西日を浴びると植物は枯れると言いますが、これは勇の地流気と反対方向だからではないかと思います。

布施 では、西日に向かうとエネルギーを吸い取られてしまうのですか。

秋山 いや、そうではなくて、霊性に栄養が供給されないということです。植物に霊性が供給されないから、枯れやすくなるのです。

布施 では家の西側に玄関がある場合、その玄関を花で飾りたかったら、どうすればいいのでしょうか。

秋山 その場合は、今度は土に力を与えればいいんです。要は植物に肥料をまめに与えるということです。意外と西に強いのはランです。ランは枯れやすい花なのですが、西や玄関に強いです。

布施 ランが強いとは意外ですね。

秋山 ランは風があるところ、空気が動く所に強いんです。玄関を開けるたびに空気が動きますから。だから、どんな出入り口にもランを飾るといいです。空気が動きにくいところはランもダメになります。

布施 先ほどの話に戻りますが、炎の地流気は肉体寄りのパワーを供給するということですが、具体的にどういう効果があるのですか。

秋山 「炎」は体を支えます。細胞の霊的な側面を活性化させます。

布施 「炎」も霊的なものなんですね。

秋山 より霊的なものか、より肉体的なものか、という違いがあるだけです。「炎」はより肉体的な細胞の霊的な側面を活性化させるわけです。

布施 すると、勇の地流気を取り入れるには朝、東を向くのがいいわけですが、炎の地流気を取り入れたければ、どうすればいいのですか。

秋山 やはり北を向くことです。北に向いて瞑想すればいいんです。そうすれば細胞が霊的に活性化されていきます。だから本当は、北に神棚を置くのが一番いいんです。北に祭りものをするのが一番いい。

布施 それで整うということですか。

秋山 整います。

鬼門から入り裏鬼門へと流れる「炎」

布施 一方で、鬼門から裏鬼門に流れる和合のエネルギーもありますね。このエネルギーを活用する方法もあるのでしょうか。

秋山 裏鬼門には土モノを持って来て、鬼門には石を持ってくるという方法もあります。鬼門には山のように動かない、不変の出っ張ったものをもってくるといいんです。

あと細かいコレクションみたいなものをいっぱい並べるのもいいかもしれません。

布施 鬼門、裏鬼門に向かってやるといい人間の所作というのはあるのですか。

秋山 そうですね、無きにしも非ずなんですが、それは宗教宗派によってもいろいろ違うので、あまりそこを深く追ってもしょうがないかなと思っているんです。あくまでも重要なのは、いかに自宅にマイ・テンプルを設けるか、ですから。

あと、鬼門、裏鬼門にはもう一つ別の考え方があって、実は「勇」も「炎」も何かにぶつかったりすると、エネルギーの流れは蛇行するのです。何かにぶつかるとすぐ蛇行する、しかもぶつかると必ず左から回り込みます。だから鬼門から入ってくるんですよ。

布施 北から入って来ようとするとき、そこに邪魔する何かがあったら鬼門の方に流れるってことなんですね。それをうまく捕らえるといい、と。

秋山 そう、だからそこが玄関だったりするときに、その（地流気の）川の上流に不浄なものを置いたり、変なものを置いたり、自分のトラウマとなるようなビジョンとかを置いたりすると、その情報が家中に流れるってことです。で、裏鬼門に流れていくのだけれど、裏鬼門を堰き止めたらそこに溜まるわけ。だから堰き止めないで流してやる。

東南から入り北西に流れる「勇」

布施 東から入ってくる勇の地流気はどういう動きをするのですか。

秋山　それは巽（東南）の方角から入ってきて、乾（北西）の方角に抜けることになります。今度は巽をいかに自由なイメージにしておくか、です。乾を玉でエネルギーをチャージできるようにしておくということも重要になります。東から西へのエネルギーっていうのは常に丸いものにチャージされます。だから乾の方向に丸いものを置くといい。

布施　たとえば円い鏡を置くといいのですね。では、西に円い鏡を置くのはどうですか。

秋山　西に置くと、チャージされるエネルギーは小さくなります。西よりも「勇」の出口に近い蛇行している場所に置くといいですね。だから北西に丸いものを置くのはいいのです。

布施　東からの地流気は蛇行して南東から入ってきて西側に流れて北西から出て行くのですね。だからそこに丸いものを置いてチャージする、と。

秋山　三種の神器って、北を表す剣と、南を表す炎の形の勾玉があって、あと鏡は太陽光を反射してキラキラ輝くので西を表します。ところが、東の方角だけは何も置かないんですよね。つまり東から入って来るものがあることを知っていたので、開けていたのです。東を開けるという考えは、フリーメイソンにもあります。他の方位には全部マスターがいるのですが、ある一方向だけは開けるんです。それは実際の太陽がアイテムになるからです。

布施　なるほど。東から流れてくるエネルギーを大変重視していることの表れですね。太陽とともにやって来るエネルギーを家の中に取り込もうとした古代人の知恵がそこにあったわけですか。
　ところで、南半球と北半球では地流気の流れは違うのでしょうか。障害物に当たると左から回り込むのか、右から回り込むのか、とか。

秋山 風呂の栓を抜くと南半球と北半球では、水が渦を巻く方向が違いますからね。現時点では南半球も北半球も地流気の流れは同じかなという感じもするけれど、それは実験してみないとわからないですね。

布施 若干地域性も加味しなければならないわけですね。

秋山 それは常にあります。たとえば西洋では冬場になるとお化けの話が多くなって、東洋では夏場に多いですよね。それには理由があって、西洋は冬場にマイナスイオンが多くなり、東洋や日本では夏場が圧倒的に増えるからです。マイナスイオンが増えると、お化けは具現化しやすいのです。

布施 滝のそばなどでよくオーブが撮影されますものね。水分などの湿気やカビなどの微生物は、お化けがこの世界で可視化したり具現化したりするときに必要な材料であるというのが、秋山さんの説でしたね。

秋山 そうです。お化けの情報を家に持ち込むのは雑菌なんです。雑菌も含めてあの世からもたらされる情報は、すべて蟲（むし）の知らせなわけです。

イズとミズに隠された日本の性質

布施 地球のエネルギーを見る場合、地域性を加味しなければならないとのことでしたが、『古事記』の国生み神話がまさにその異なる地域性の戸惑いを表しているような気がします。イザナギとイザナミは、天の御柱（あめのみはしら）を右回りに進むか、左回りに進むかで最初失敗してしまいます。この話から何が分かりますか。

秋山 イザナギとイザナミはまさに陽と陰のエネルギーを象徴しています。それはイズとミズでも表されますが、イズは陽、ミズは陰です。日本神道的な陰と陽の言い方です。

日本ではイズを好むんです。つまり、男性性を優先させて陽を好むし、そして奇数を好みます。結婚式では縁起物だから三万円を包むとかも、奇数優先の思想があるからだと思います。二万円は分けられるからだめだとか、ね。

でも本来、なぜイズが優先されるようになったかというと、元々日本の土地自体が母性的で、陰だからです。

布施 日本は陰なのですか。

秋山 土地自体は陰です。だから陽を強めることでバランスを取っているんです。

布施 日本が陰の土地なら、陽の土地とはどこですか。

秋山　南米などは、元々ものすごく陽気な場所です。

布施　いわゆるラテン系？

秋山　そうなります。南国とかね。赤道直下の国が多いです。日本は島だし、赤道に近くないから、基本的に陰になる可能性が高いんです。

布施　でもハワイなんかは、島ですが、陽っぽいですよね。

秋山　ハワイは赤道に近いから陽が強いですね。

布施　北米なんかは、やはり陰になってしまうのでしょうか。

秋山　そうですね。北米は陰が強いかもしれません。だから逆にそういう場所では陽の儀礼が流行(はや)るんです。

布施　北米の陽の儀礼とは具体的に何ですか。

秋山　たとえばカナダ・インディアンの儀礼です。あるいは元々エスキモーが持っている儀礼なども陽の儀礼だと思います。だから北米に行くと、日本のカラス天狗のお面のようなものとか、日本の信仰物に似ているものがたくさんあります。ひょっとこみたいなお面もあります。ひょっとこというのは、火を吹く男のことですからね。つまり火に風を与えて火を熾(おこ)す火男のことを「ひおとこ」、それで「ひょっとこ」となりました。まさに陽の儀式なんです。

花を好んだりする陽の儀式もあります。バリ島は陰の土地なんですが、花でお祓(はら)いをしたりします。島は陰になりやすいんです。あと、土地が限定されていて人が多いところって、陰気が溜まるんです。そのため、より陽を求めるようになります。

布施 その儀式の話ですが、記紀神話では聖なる柱の周りをイザナギとイザナミが左回りと右回りでそれぞれ回って、柱の向こう側で再会します。その時に女性神であるイザナミから声をかけたので失敗した、そこで次に儀式をした時に男性神のイザナギから声をかけたら成功したという話が出てきます。陰の土地や陽の儀式と関係がありそうですね。

秋山 天の御柱ね。まさしくその話です。この土地は陽を強くしなさい、と言っている話なんです。日本は土地が陰だから陽を強めなさいということです。

左回り、右回りの霊的な意味

布施 『日本書紀』にはもう一つ別のバージョンである「一書（第一）」というのがあって、女性神が柱の左から回り（時計回り、右回り）、男性神が柱の右から時計の反対回りをしたらうまく行かず、女性神が左回り、男性神が右回りしたらうまく行った、というのもあります。この右回りによって生まれるエネルギーと左回りによって生まれるエネルギーというのも意味深長ですね。

秋山　ええ。ただあれは、上から神々が降りてくる時に上から見た左回り、右回りですから。その螺旋状に降りてくる様を下から見たら反対に右回り、左回りに見えるということもポイントです。上に昇って行くときも同じです。この問題にも触れなければなりません。

布施　確かに上から見た時計回りは下から見れば、時計の反対回りになりますね。視点を変えれば、右回りも左回りになる。

秋山　だけどどちらにしろ、本来は同じなんですけどね。上から降りてくるときも、下から昇って行くときも、要は、時計回りはエネルギーを吸収するんです。動いているものにエネルギーがチャージされます。逆回り、つまり時計の反対回りであれば、動いているものはエネルギーを失うのです。

布施　ああ、なるほど。すると最初、女性神であるイザナミは柱の左から回り、すなわち時計回り（右回り）をしてしまったので、陰のエネルギーが強まった。逆に男性神であるイザナギのエネルギーは弱まった。そこで男性神の力、陽の力を強めるために、男性神が左から回り（右回り）、女性神が右から回ること（左回り）にした、そう解釈できますね。

秋山　まさにそういうことです。

布施　それは普遍的にそういうものなんですか。時計回りはエネルギーを吸収し、その逆はエネルギーを失う、と。

秋山 基本的にそうです。だから足りない時は右回りに回ってチャージし、余っている時は左回りに回ってエネルギーを減らせばいいのです。

だけど反対を教えているものもあります。既に例として挙げましたが、中国気功なんかでは、反時計回りに回ることが気を得ることだと言うんですね。ただしそれも、宇宙に意識を置きながら時計回りにするのと、大地に意識を置きながら時計回りをするのとでは意味が違ってくるわけです。

中国は比較的、陰を得ようとするんです。大地が陽だから、大地を意識しながら時計回りを考えると、陰気を吸収することになるんです。

布施 大地を意識しながら時計回りというと、一般的には反時計回りということになりますね。これでマージャンの東南西北（トン・ナン・シャー・ペイ）の謎が解けました（笑）。

意識を変えると上下左右が反転する

少し脇道に逸れるが、マージャンの東南西北について触れておこう。実は私の父は大のマージャン好きで、子供のころから正月はよく家族マージャンをして過ごした。共同通信社の記者になってからも、地方支局では記者クラブや雀荘で他社の記者や警察官、検事らとマージャンをしたこともたびたびある。しかし、最近までなぜマージャンの順番が時計の反対回りで、しかもマージャンの東南西北が実際の東西南北と異なっているか知らなかった。

ある時不思議に思って調べたところ、太陽を仰ぎ見て方位を決定したからではないかという説があることを知った。たとえば天を仰ぎ見て自分の右手に東を置くと、上が南、左が西、下が北に変わり、東南西北は反時計回りとなるのである。もっとも、なぜ実際の東西南北と異なるかには諸説あり、正解はわからない。だが、天を仰ぎ見て視点を変えたとする説が私には最も説得力があった。

秋山氏も、大地を意識したから日本と中国では回り方が違うのではないかとの説を紹介している。つまり意識をどこに置くかによって、上下も左右も反対になるというのだ。そこで思い出したのが、このマージャンの話と、北半球と南半球での渦巻きの回り方や天体の見え方が違うという話であった。

秋山氏が指摘するように、北半球では台風など自然に発生した渦巻きは時計とは反対回りをするが、南半球では時計回りに回る。それだけではなく、北半球と南半球では月は上下逆さまに見えるのである。そのため北半球では左側が欠ける月も、南半球では右側が欠ける。北半球では南向きの家が好まれるが、南半球では太陽は北の天空をよぎるため北向きの家が好まれる。

北半球と南半球で発生する物理的現象の相違とは別に、スピリチュアル的にも左回りと右回りに意味の違いがあるところがまた面白い。南半球では秋山氏の言う地流気はどちらに蛇行するかといった研究課題もいつか実験できればと思っている。

話題を陰と陽のエネルギーに戻そう。スピリチュアル的な地域性の違いについて、さらに質問を続けた。

その土地に合った陰と陽のバランスを

布施 その土地が、陰が強いのか陽が強いのかによって、回り方の意味も違ってくるわけですか。外国に行ったら、陰陽のバランスを考えながら、回らないといけない、と?

秋山 日本人の場合は、やはりその出身地や一番長く住んだ場所の気の性質にかかわりますから、時計回りのほうがいいのかもしれません、一概には言えませんが。外国に行っても、時計回りで旅するほうが日本人には楽なのではないでしょうか。時計回りに回れば、陽の気を強めることができるはずです。

神道の「進左退右」という作法にも、左から回る時計回りの儀式を重んじる姿勢がうかがえます。中国はその逆になる場合が多いわけです。

いずれにしても土地に関して言えば、中国が陽で、日本が陰です。中国の守護星っていうのは火星なんです。赤い色を気にしたり好きだったりする国は土地が陽なのです。

布施 陽が強いから中国では、本当なら時計の反対回りはエネルギーを吸い取られる方だけれども、陰を得ようとするのですか。

秋山 そうです。別の言い方をすれば、反時計回りが陰気を吸収するわけです。時計回りは陽気を吸収する。中国では気功は反時計回りに回せと言います。左手優先文化を嫌いますよね。これはキリスト教も同じです。キリスト教も始まりは中東の砂漠地帯の陽の土地で誕生しましたから、陰気を吸収しようとして発達した儀礼が多いということがわかります。

逆に陰の土地では陽気を吸収しようとする。日本はほとんどが陰なんだけれど、ところどころ火山とか地脈、溶岩とか、陽の場所もあります。陰が多いんだけれども、陽もところどころあって、まだら状の構造になっています。

だから日本人は、陽気を吸収するためだけに温泉に出かけたりするのです。あるいは「進左退右」で左から時計回りをして陽の気を強めようとする。どの国もどちらが強いというのはあるけれど、陰陽の気はまだら状の構造になっています。フリーメイソンは「進左退右」の儀式が多いんですよ。彼ら自体が陰気で秘密結社だからね（笑）。

砂漠のように陽の気が強い場所では、あえてピラミッドみたいなものを造ったり、洞窟を作ったりして、その中で陽気を吸収することもやっていたようです。

○

秋山氏によると、陰の強い国では陽を強くするために左足を先に出して時計回りをし、陽の強い国では右足から先に出して反時計回りをする儀礼が多いのだという。ただし、神道の「進左退右」はあくまでも左足を先に出す作法であり、必ずしも時計回りをしなければならないということを意味していない。しかし、目の前に柱があった場合は左足から先に出した方が右回りしやすい点や神社では玉ぐしを時計回りに回すことなどを考えると、秋山氏が言うように日本では時計回りの儀礼が多いように思われる。

これに対して中国や砂漠の国では、反時計回りの儀礼が多いのだと秋山氏は言う。確かにマージャンも反時計回りだし、キリスト教の教会の壁画も反時計回りに物語が進む場合が多いのだという説を聞いたことがある。もちろん、どの国も地域も陰陽がまだら状の構造になっているとのことなので、一概には言えないのであろう。

秋山コラム❹「時計回りと宇宙の霊的エネルギー」

天の御柱の周りを回る神話に関連して、同じような儀式を宇宙人に連れて行ってもらった別の惑星で観たことがあります。実際それは、彼らの演劇と言えるもので、舞台の中央に注連縄（しめなわ）のようなものを垂らして、その周りを六人の宇宙人が踊るようにして回るというものでした。彼らは天の羽衣のようなヒラヒラの付いたガウンを着ていて、ひたすらクルクルと回るわけです。それも上から見て時計回りでした。

当時の私には、ただ回っているだけにしか見えなかったのですが、数万の観衆はしきりに感動の声を挙げていました。

六人で踊っていたことにも意味があるようでした。元々、「6」というのは、北を表す数字で、霊的な窓口を意味する数字です。だからおそらく、時計回りに回ることによって霊的なゲートを開き、観客がそれを楽しむという演劇だった、霊的な力とつながるということが多くの人の目的であったと思われます。

それは一種の時間と空間の儀式でもあります。特定の時間、特定の空間に、みんなが良い感情で出した意識の波動を残しておくためのセレモニーのようなものです。たとえば特定の石にそうした意識の波動、テラ波みたいなものをチャージします。観客はそのチャージされたテラ波の情報とちゃんとつながって楽しむわけです。

私の感じでは、テラ波は意識するだけでもきちんとつながります。物質を貫通して自分にチャージされるパワーであると認識するだけで、しっかりとつながります。パワーをもらえる。だから最終的には、そういったエネルギーがチャージされている石をきちんと整理して、有効に活用すべきなのです。テラ波は基本的に石と水以外は全部貫通してしまうんです。だから石をうまく使わないといけません。

なぜ石と水だけに効率よくチャージされるかというと、たぶんミネラルにたまる性質があるからではないでしょうか。それは「霊魄（れいはく）」と呼ばれる超能力を発現するエネルギーの性質と似ています。人間も骨に「霊魄」と呼ばれるエネルギーが溜まります。魄は一般的には骨と解釈されていますが、でも本当は骨を中心に魄がまとわりついています。骨の粒子に魄はまとわりつくのです。だからカルシウムやマグネシウムといったミネラルとかかわっているはずです。

また、水銀とテラ波もいろいろな意味で関係があると思います。宇宙人は水銀を回転させてテラ波を呼び込むことによってＵＦＯの原動力にしている可能性があるからです。
一定のリズムで回転したり回転させたりしてテラ波や暗黒物質、ダークエネルギーといった未知のエネルギーを呼び込むということの中に、UFO開発のヒントがあるのではないでしょうか。

いずれにしてもここでのポイントは、時計回りは陽の気を強め、反時計回りは陰の気を強めるとしていることである。霊的に敏感な方は、イザナギとイザナミのように実験してみると面白いのではないだろうか。ではその陰陽のエネルギーと地流気の関係はどうなっているのだろうか、秋山氏に聞いた。

霊的には七つの力が働いている

布施 土地ごとに陰陽それぞれの強さが違って、その土地に備わっている強いエネルギーとは反対のエネルギーを強くする儀礼が発達したというのは面白い説ですね。その陰陽のエネルギーで質問ですが、炎と勇の地流気には陰陽はあるのですか。

秋山 いいえ、ありません。

布施　地流気は陰陽とは関係ないのですね。地流気とは別に陰と陽のエネルギーが大地には流れている、と。

秋山　基本的には七方向あるんですよ。前後左右上下中心。七つの力が働いているんですよね。上下っていうのは天と地。陽と陰です。

布施　七つの力が霊的に働いている、と。

秋山　炎の地流気と、勇の地流気が融合して七つの力が働いているということです。ただし、炎と勇だけではないんです。いろいろな組み合わせで七つの力が働いています。前後上下左右に、中心を保つそれぞれの力があるのです。いろいろな力がミックスされて、前後、すなわち未来過去という感覚と、左右というバランスを取る感覚と、中心を保つ力が成り立っているんです。

だから地球が回っているから皆振り飛ばされるという問題ではないんです。地球だっていろいろな力が合体して我々はここに立っているわけです。ここに立つためには、前後左右上下の中心で力が働いていると見るわけです。そういう立体的な意味です。複雑系ですから単純な一方向のベクトルでは考えられないものです。

布施　中心の力とはどのようなものですか。

秋山　中心にだけ働く力です。私は「中核波動」とか「中心力」と呼んでいるんですが、たとえば、コップの重心にだけ働く力があるんです。その重心にだけ働く力というのが、時空を完全に超越した神様っぽい力なんですね。

スプーン曲げの時、なぜスプーンが柄の根元付近から曲がるかというと、そこが重心だからです。独鈷（とっこ）（密教で用いる法具。鉄製または銅製で、両端が尖った短い棒状のもの）がまさにそうです。独鈷を振り回すことによって、中心にエネルギーを集めます。中心力っていうのは、すべてのものには重心がありますが、その重心を中心にしてその物体を回すと、中心のパワーがどんどんどんどん強くなるんです。よく指でペンを回しながら考え事をする人がいるでしょう。あれは理にかなっているのですよ。

布施 回転させると、ペンに力が宿るんだ。私も考え事をするとき、いつも部屋の中をグルグル歩き回りますが、関係あるのかな？

秋山 そうなんですよ。

布施 部屋の中をグルグル歩き回ると、いいアイデアが浮かぶんですよね。

秋山 その場のパワーを強めていることになります。

布施 では、上下の力はどうなっているのですか。それは重力と関係があるのでしょうか。

秋山 まあ重力もありますが、宇宙と地球の力ということです。上下に入ってくる宇宙パワーと、下から噴き上がる大地のパワーがあります。

布施 それが陽と陰、天と地のパワーですね。上下にぶつかったりしているのですか。

秋山 ぶつかっている場所と、ずれている場所があります。

布施 天地の場合は上に行くのもあれば、下に行くのもある。地流気の場合はいつも一方向ですか？

秋山 一方向ですが、いろいろなパワーがぶつかって蛇行するんです。たとえば、「勇」も「炎」も何かにぶつかると、時計回り方向に蛇行します。

布施 勇と炎の地流気がぶつかったときに第三のエネルギーが生まれるという背景には、そういうことがあったのですね。それが大天使ミカエルのラインになった、と。

秋山 そういうことになります。

大地をパワースポットにする方法

この本の最後に、霊的に影響を与えるエネルギーがこの地球上には七つあるという秋山氏の説を私なりに整理と分析をしてみよう。

北の方角からやって来る宇宙的なエネルギーの地流気の「炎」は、所々で東の方角から流れてくる地流気の「勇」とぶつかり融合、北東から南西へと蛇行しながら流れる、第三のエネルギーとなる。「勇」もまた所々で「炎」などとぶつかることにより南東から北西へと蛇行しながら流れる第三、もしくは第四のエネルギーに変わるわけだ。炎は肉体の細胞を霊的に活性化し、勇は霊性そのものに栄養を供給するエネルギーである。その配合具合によりエネルギーの質も微妙に変わるのであろう。

一方、宇宙のエネルギーと地球のエネルギー、つまり天と地、陽と陰のエネルギーが上下方向に流れたりぶつかり合ったりして、地流気の影響を受けながら立体的に蛇行して複雑な動きをしていることになる。陽は快活で明るいエネルギーであり、陰は冷静で落ち着いたエネルギーだ。

そしてそれらとは別に、物体の重心に超次元的な力が集まってきてスプーンを曲げるような超常現象を引き起こす。特に重心を中心にして回転させると、その力は強まると秋山氏は説いている。

やはりここで面白いのは、大天使ミカエルのラインとの符合だ。このラインは北東方向から南西方向へ、つまり鬼門から裏鬼門へと流れる第三のエネルギーのラインと一致するように思われる。また、イギリスの著名なダウザーであるヘイミッシュ・ミラーによると、ダウジングで大天使ミカエルのラインに沿ってどのようなエネルギーが流れているかを調べたところ、陰と陽の異なる二つのエネルギーがレイラインの直線にまとわりつくようにそれぞれ蛇行しながら、聖ミカエル教会のそびえる丘やストーンサークル、ヘンジといったライン上の古代遺跡で交差していることがわかったのだという。

おそらくこの地球の大地には、いろいろなエネルギーが集まりやすいような大地のツボがある。約五千年前に巨石文明を築いた古代人は、その大地のツボに巨石を配置してさらにエネルギーを強めることに成功したのではないだろうか。そう考えたとき初めて、なぜグラストンベリー・トールのような巨大な丘を階段状に加工したのかが説明がつく。彼らは蛇行する陰と陽のエネルギーを、丘に螺旋状の階段を人工的に築くことによって誘導して、丘の頂上で交差させた可能性すらある。

その聖なる場所は、炎と勇が激しくぶつかり合う場所であったことはまず間違いない。だから北東から南西へとラインを延ばしていったのだ。しかも丘と丘を、山と山を結び、特別な山や丘には加工を施しながら、高みを結んでエネルギーを増幅していった。まさに彼ら古代人は、大地にパワースポットを作る方法を熟知していたタカミムスビであったのである。

［あとがき］

「感性＝直感」と「易経＝占い」が融合する時

最近、国際気能法研究所代表の秋山眞人氏と共著で本を作る機会が多くなってきた。きっかけは、秋山氏と正統竹内文書の口伝継承者・竹内睦泰氏、それに筆者の鼎談を本にしたことから始まった。その鼎談シリーズが回を重ねるうちに、秋山氏から「布施さんと二人で経済の本を出しませんか」との提案があった。聞くところによると、宇宙人や霊的存在から教わった、とても役に立つ経済法則があり、その経済法則と、私が共同通信社経済部時代に培った取材経験や米国の大学院時代に学んだ世界経済や国際金融の知識を併せれば、面白い本ができそうだというのである。一種の異業種文化交流のようなものだ。

そうは言っても、私は宇宙人に会ったこともなければ、霊界について詳しいわけでもない。そこでまず、宇宙人や霊界についての基礎知識について秋山氏から取材して、それから宇宙人に教わったという経済法則やスピリチュアル的な経済について詳しく聞くことにした。その結果、出来上がったのが、『不思議だけど人生の役に立つ神霊界と異星人のスピリチュアルな真相』（成甲書房刊）と『楽しめば楽しむほどお金は引き寄せられる——宇宙生命体からから聞いた21世紀型経済法則』（コスモトゥーワン刊）であった。

最初は、一般読者が宇宙人や霊といった「オカルト」に属する本をどのように捉えるかわからない部分があったが、出版されると、普段はオカルトにあまり興味を抱かないような読者からも「読みやすくて、面白い」との感想をもらうようになった。どうやら秋山氏の豊富な超常的体験に基づいたわかりやすい説明と、私の取材経験と新聞記者的な視点とがうまくかみ合って、不思議な化学反応を起こしたようである。

そのころ成甲書房から、秋山氏とのコンビでパワースポットについて書かないかとの打診があった。実はパワースポットや風水と呼ばれるものについてほとんど知識がないため一瞬躊躇したが、とりあえず秋山氏に聞いてみることにした。すると、秋山氏は「どうも最近、風水も諸説乱れてわかりづらくなってきています。一度パワースポットや風水の本質を再確認して整えましょう」と、すぐに話に乗ってくれて、取材が始まったのだ。

そして出来上がったのが、今回の本である。秋山氏との二人三脚で、一般の人の目には見えない不思議な世界の謎を解き明かしながら、この広大無辺で多重多層の大宇宙の楽しみ方を提示するシリーズ第三弾であると私は位置づけている。

私は元々、易や占い、八卦などはまったく信じない人間であった。そのような偶然に人生の決断を委ねてどうするんだ、という思いが強かった。だから、私の人生においても決断する時はすべて直感であった。大学を選ぶ時も直感、就職先を選ぶ時も直感、会社を辞める時も直感ですぐに決めた。その決断を下すのに一秒もかからなかった。

しかし、である。その直感だけではどうしても解決できない問題もあるのである。もちろん直感がちゃんと機能していれば、問題はまったく生じない。ところが、その完璧なはずの直感にバイアスがかかる場合もあるのである。バイアスとは何か。それは人間の欲望であったり、願望であったり様々だ。つまりその直感が本当の直感であるのか、自分の欲望や願望が混じった「直感もどき」であるのか裏を取る必要があるわけだ。

その裏取りこそが、卜占の一種である「縄を綯（な）う」ことから発祥した「裏を綯う」ことであり、それが最終的に「うらない」になったのだと秋山氏は言う。私も今は「占いは直感の裏取りのことである」と確信している。そう至るには、次のようなきっかけがあった。

今から四年ほど前、伊豆・下田にあるピラミッド型の山、下田富士の頂上に登った際、隣にそびえる武山（たけやま）という三角形のおむすび型の山の真っすぐ先、海上はるか彼方に、同じように綺麗な三角形の島が二つ並んでいるのが見えた。私は直感的に「ああ、下田富士は三角形の山を結んだ地に造られた人工的な山なのだな」と思ったわけだ。ただし、その直感が正しいかどうかはわからなかった。

ところがその日の朝、伊豆急行で下田駅に向かう途中で私は、マージャン牌（ぱい）の三ピンと七ピンの映像をはっきりと見ていた。それは夢ではなく、私が目を閉じてリラックスしている時に突如、明確な映像として脳裏に飛び込んできたのであった。ただしその時は、「3」と「7」が下田富士と何らかの関係があることは感じていたが、どのような意味があるのか皆目見当もつかなかった。

その後私は、海上に見えた三角形の島の一つである鵜渡根島（うどね）と下田富士を結ぶと、岐阜県恵那（えな）市の笠置山に至ることを知った。そして実際に笠置山を調べてみると、山麓にはピラミッド石が複数個山頂に向かって一直線に並び、それが夏至の日の入り（冬至の日の出）ラインと一致することが確認できたのである。

そのころ私は、秋山氏から夢の中に出てくるシンボルには、実は明確なメッセージがあり、それらは宇宙共通言語とも言える易経で解明できるのであるとの話を聞いた。秋山氏に聞いた易経に従って「3」と「7」を占うと、3は火であり、7は山となり、その数字が出てきた順番を逆にして「山火賁（さんかひ）」という卦が得られる。その山火賁こそ夕日を浴びて山々が美しく輝く姿を表現した卦である。つまり夏至の夕暮、笠置山の複数のピラミッド石、笠置山、下田富士、武山、鵜渡根島といった三角形の山や島が綺麗に一直線上に夕日に染まる光景と一致する。ということは、四年前の私の直感が、占いによって間違っていなかったことが裏付けられたということになるのだ。

そうした易経や占いの本質的な意味を読者に理解してもらうために、『易経』の八卦をベースにした方位とシンボル、形、色、数字の関係」や「数字、色、形と易の64卦の早見表」「方位別パワーを強めるアイテム一覧表」といった易経に関係する表などを随所に盛り込んだ。易経や風水が、統計や、霊的な感受性の強い能力者の体験によって裏付けられた「宇宙共通言語」の一種であると理解したとき初めて、これらの表の面白さや奥深さがわかってくるはずだ。さらにシンボルや易経について詳しく知りたい方は、秋山氏の著書がお勧めだ。

秋山流風水は、直感と体験に基づいた自由な風水である。杓子定規に「ねばならない」はない。基本的な色と形、数字などのシンボルの意味を知っているだけで十分なのである。だからこそ、あなたの直感（感性）と占い（易）が見事に調和した時、そこにはあなたにしか造れない、浮き浮きするように楽しい「パワー・テンプル」が完成するはずである。是非、秋山流風水を試してみてもらいたい。直感と占いはあなたを、想像もしなかったような素晴らしい未知の領域へと誘うであろうことを願っている。

布施泰和

◉著者について
秋山眞人（あきやま まこと）
1960年、静岡県に生まれる。10代のころより「超能力少年」としてテレビなどに登場。静岡県警、郵政事務官、書籍編集者・編集長などを経て、現在国際気能法研究所代表。世界各国の研究団体との交流を通じて、人間の未知能力・潜在能力の開発と、深層心理の科学的な研究に努めている。日本及び世界の神話、占術、伝承、風水に精通し、企業、個人のカウンセリングもしている。精神世界、パワースポット、超能力・未知能力の分野の研究・実践者として日本を代表する一人。
YouTubeの登録チャンネル
「Makoto Akiyama」
http://www.youtube.com/channel/UCNn3nCh7Dddf1yDg17xosjg

◉著者について
布施泰和（ふせ やすかず）
1958年、東京に生まれる。英国ケント大学で英・仏文学を学び、1982年に国際基督教大学教養学部（仏文学専攻）を卒業。同年共同通信社に入り、富山支局在任中の1984年、「日本のピラミッド」の存在をスクープ、巨石ブームの火付け役となる。その後、金融証券部、経済部などを経て1996年に退社して渡米。ハーバード大学ケネディ行政大学院とジョンズ・ホプキンズ大学高等国際問題研究大学院（ＳＡＩＳ）に学び、行政学修士号と国際公共政策学修士号をそれぞれ取得。帰国後は専門の国際政治・経済だけでなく、古代文明や精神世界など多方面の研究・取材活動を続けている。
ブログ「天の王朝」
http://plaza.rakuten.co.jp/yfuse/または
http://tennoocho.blog.fc2.com/

マイ・テンプルが幸運を引き寄せる

あなたの自宅をパワースポットにする方法

◉著者
秋山眞人
布施泰和

◉発行日
初版第1刷 2014年3月20日

◉発行者
田中亮介

◉発行所
株式会社 成甲書房

郵便番号101-0051
東京都千代田区神田神保町1-42
振替00160-9-85784
電話03(3295)1687
E-MAIL mail@seikoshobo.co.jp
URL http://www.seikoshobo.co.jp

◉印刷・製本
株式会社シナノ

Printed in Japan, 2014
ISBN978-4-88086-313-9

定価は定価カードに、
本体価はカバーに表示してあります。
乱丁・落丁がございましたら、
お手数ですが小社までお送りください。
送料小社負担にてお取り替えいたします。